飄泊中的永恆
—— 人類學田野調查筆記

2　飄泊中的永恆

目錄

5　寂寞的人類學生涯（代序）　　李亦園

13　初版自序

17　增訂版自序

21　戚羅奇國〈一個消失在廿世紀的印第安文明〉

29　美森危地〈印第安人的崖居遺址〉

37　普埃布洛人〈太陽神型人格的代表〉

45　拿瓦侯族〈北美洲最大的印第安族群〉

53　在拿瓦侯保留區展開田野調查

61　犬的傳人

67　千家峒〈瑤族的桃花源〉

73　飄泊中的永恆〈瑤族對遠祖居地的思戀情結〉

79　女書〈在湖南江永縣發現的一種只流行於婦女間的古文字〉

89　火狗舞〈廣東龍門縣藍田瑤族的中秋祭典〉

95　廢墟中的生命〈訪粵北瑤族的火燒排舊址〉

107　排瑤的婦女

115　坳瑤的婚姻制度

123　飄遙過海

129　滇南行

137　廣東與福建的畬族

145　惠東女子不落夫家

附載：

155　冷門裡的大學生活

179　人類學家與原住民研究：一些個人的經歷與反思

205　引用書目

寂寞的人類學生涯（代序）
李亦園

　　香港中文大學人類學系的喬健教授是我在台大考古人類學系的學弟，他晚我幾年進入人類學的領域。人類學是一門冷門學科，系裡的學生非常少，所以喬健兄說他在校時是一班一個人形影孤單地唱獨角戲唱到畢業，而我就讀的這一班（考古人類學系第一班）也比他好不了多少，連我共只有二個人，雖不至於形單影孤，但也是十分冷清。我們在學校時常常說我們這一班開班會每次都全到，畢業後則開班友會也每次都全到（因為只要有一人不能來就不開了）。不過，現在我們永遠無法再召開班會了，因為我的唯一同班同學唐美君教授（考古人類學系第四班系主任）已於1983年逝世了，所以我也和喬健教授這一班一樣，永遠是形單影孤了！

　　學人類學的人不但在學校裡十分孤單寂寞，畢業後去做田野工作更是寂寞。人類學的研究工作有一大特色，那就是要到研究的地方去做深入的調查探索，無論是蠻荒異域或者是窮鄉

僻壤都要去住過一年半載，並美其名叫「參與觀察」，認為只有這樣長時間地深入於其中，才能真正徹底地了解你所研究社群的實情。但是在那樣的蠻荒或偏遠地區而又人生地不熟之處，一個人單槍匹馬要去住一年半載，不但孤單寂寞，而且甚至於危險萬分並有生命危險，所以喬健兄在描述他的拿瓦侯印第安（Navajo Indian）村落之行時就說到土著懷疑他是間諜，並且揚言要殺掉他。在講到採訪廣西省的坳瑤族時，也說到30年代著名的人類學家費孝通先生也就是在此地調查時出事，其夫人王同惠女士因而遇難的故事。可見人類學者的田野工作確是十分辛苦而寂寞的。我自己早年在高山族的泰雅族中做研究，曾走了兩整天才到達一個叫金洋的小村落，在那裡前後住了數月，寄信回家時郵票被偷掉了，家中和研究所的同事們急得不得了，以為出了什麼事。另一次去砂勞越做調查的時候，一個人沿拉讓河（Rajang River）而上去住在達雅人的長屋裡，回想起他們從前是獵頭民族，半夜裡有時聽到鼓聲也不免心驚。著名的英國人類學家馬凌諾斯基（B.Malinowski）是長期田野工作的創始者，他在太平洋的小島初步蘭群島（Trobriand Is.）做研究，前後住了快四年。在那種蠻荒孤島上一個人住了那麼久，有時候煩躁起來真是要發瘋，所以馬氏在他私人日記中有時竟會詛咒那些他原本很心愛的初步蘭土著。他死後其夫人將日記出版，且曾引起人類學界的一些風波。其實這也算不了什麼，人總是人，人類學家在田野一久，總不免有些牢騷，那就是源之於長久的寂寞之故。

但是人類學家為什麼要這樣自我放逐似的去備嘗田野的孤單寂寞呢？那是因為田野調查實在有其吸引人之處，尤其是面對異民族文化之時，所引起的那種文化衝擊或文化震撼，經常是使你終身難忘，甚至於刻骨銘心。喬健兄的這本「田野筆記」，就是把他30年來在北美洲、中國大陸做田野時所遇到的種種震撼，以及辛苦與寂寞，以輕鬆的筆法寫下，娓娓道來，至為生動感人，不但可吸引並滿足一般讀者的好奇之心，而且連我這老田野也為之心動不已。

喬健兄的田野經驗比我廣闊，早年我們同樣是以研究高山族出家，後來我做華僑研究以及台灣島內漢人社區的研究，但是他卻有機會跟隨他的老師 John Roberts 教授（也是我的老友）去跑遍了美國西南部印第安人保留區；而離開美國後，因為在香港中文大學擔任教職，所以比我們更早有機會去中國西南少數民族區域做調查研究，其經驗就更為扣人心弦，而因此所發出來的分析與議論，甚至於對文化的種種詮釋、注解，都值得無論是專業的人或一般讀者的細心一讀。

喬健兄在寫他的第四篇拿瓦候印第安遊記時，曾說到一則拿瓦候人調侃人類學家的笑話：「一個拿瓦候家庭通常包括母親（他們是母系社會）、父親、子女和一個人類學家。」這是因為人類學家很喜歡以拿瓦候族為研究對象，所以研究者不斷

進出他們的村落，拿瓦侯人覺得很不耐煩而造出了這一則笑話。還有另一個調侃人類學家的笑話：「美國早期人類學家克魯伯（A. R. Kroeber）寫過許多有關印第安人的報告，有一次他又到一個印第安人家中去訪問，問一個報導人問題時，那人總是要回到房間去一會兒再出來回答，克魯伯很奇怪，問他是不是到房間去轉問他母親，那印第安人答說是去翻閱一個人類學家克魯伯的報告，以免把自己的風俗說錯了！」從這兩則笑話裡我們可以看出土著民族對人類學家的複雜態度。人類學家長久地停留在他們村落，為了要深入了解，所以無所不問，無所不談，真的常常是打破砂鍋問到底。記得有一次我的助手四度去訪問一位村中的婦女，前三次都被拒絕了，第四度再去時勉強接受了，但脫口而出的話是：「你怎麼這樣陰魂不散啊！」人類學家不僅寂寞孤單地做田野，而且隨時有遭白眼或調侃的機會，所以喬博士在拿瓦侯區調查時，拿瓦侯人會對他說：「你的研究對你有好處，對我們卻沒有好處。」「你是從那麻煩最多的地區來的，我們怎能信任你呢？！」

其實，人類學家做研究，有時並不一定對自己有好處，他也不一定在意於是否能對自己有好處，但是心中所想的卻大半是如何對土著或被研究的人有一些好處。就如我們前面所說的，人類學家長久時間地做參與觀察，其目的就是希望能了解土著內心的所思所好，藉以從他們自己的立場出發，向世人說明他

們的文化、狀況與心理趣向，以免文明人城市人錯解了他們的心意，而把自己之所愛硬安到別人的身上，而且自以為是「人道主義」。比如說，從前有一位大官到蘭嶼去視察，看到雅美族人所居住的半地下屋以為是落後貧窮，有礙觀瞻，所以下令替雅美人蓋了一排排的鋼筋水泥「國民住宅」，沒想到這些「現代化」的住宅都不為土著所喜愛，一間間變成養豬的屋子。這位大官沒有上過喬博士的人類學課程也沒有人給他有關台灣高山族的知識，所以他不知道雅美族人的居住房屋構造有適應地理環境、調適氣候、表現社會地位等種種功能，而且他們的房屋組合也分住屋、工作屋、涼亭、船屋等類別，不是簡單的一小間鋼筋水泥屋就可解決事情的。又如前些時候花蓮山地雛妓的事鬧得很熱，大家都為土著少女的遭遇而嘆息同情，但是一般人心中總留了一種說不出來的疑問：「山地女孩總是比較隨便吧！」其實這想法是完全錯誤的，這是一種大漢沙文主義在作祟，因為就以花蓮泰雅族為例，他們固有的貞操觀念有時還比我們漢族更嚴格！還有更可笑的是前兩年行政單位受了「復興中華文化」的影響，要在山地各民族推行做族譜，他們腦子中以為所有的民族都像漢族一樣有父系家族氏族制，而不知道高山族中有好幾族都是「雙系」或「無系」的親族組織，如要做族譜則四代以上就有 16 個譜系，這如何做法連我們這些譜牒行家也想不出來！人類學家就是這樣站在土著文化的立場為他們說話，為他們的處境與內心思維作闡釋，並企圖扮演他們的

代言人，但也因此而犯了行政當局之忌，不為他們所喜歡，甚而說我們是偏袒少數民族。人類學家對少數民族的心結就是這樣複雜而糾纏，我們覺得他們是少數，所以意見常被忽略，所思所想常被抹殺，利益常被忽視，現象常被誤解，所以經常要為他們說話，為他們爭取權益。我們不但為文化上的少數民族或弱勢群體（Cultural Minority）而說話，我們也為社會上的其他少數或弱勢群體（Social Minority），如女性、老人、少數宗教團體、殘障者等而說話，並為他們爭權益，因此常常就會被誤會是異議分子，甚至被譏為吃裡扒外，並為行政當局所不喜歡；學術主管嫌我們愛管閒事，或說我們不務正業；行政主管怕我們抬出「憲法」、「部落公約」等等來找他們麻煩，所以厭惡之至而避之唯恐不及。人類學家就是這樣不自討好的人，寧願形單影孤地到蠻荒之地過寂寞生活，做研究時土著對你不耐煩，威脅要驅逐你，做完研究寫成報告後行政主管們又討厭你詛咒你，難道人類學家真的喜歡這樣的寂寞生涯嗎？

其實人類學家並非真的是喜歡寂寞生涯，人類學家之所以樂於奔走於蠻荒之地，忍受土著的不耐與行政人員的譏諷，原也只是為了一種信念，一種遙遠的理想在鞭策著他，就如喬健兄在書中《飄泊中的永恆》一篇所描述瑤族人追尋他們的千家峒一樣，人類學家只是在追尋他們對人類永恆本質的信念。瑤族人在元成宗大德九年，也就是公元 1305 年 3 月 19 日，元兵

攻入湘西的千家峒老家，他們的祖先棄峒而四散逃走，並把原來供奉的神祇埋在地下，乃發願五百年後子孫再回來相聚朝拜。千家峒原是一個瑤族人像陶淵明詩中所描述的桃花源那樣的人間樂土，這代表瑤族人對固有文化及其發源地的一種懷念之情。這種人間樂土的懷念之情經過傳說沿誦以及儀式扮演，不但久已成為瑤族文化的一部分，而且形成類似人類學典籍中所描寫的「本土運動」（Nativistic movement）或「復振運動」（Revitalization movement），或者像基督教中的千年福崇拜（Millenarianism），追尋天國復臨之福一樣，他們不斷地要找到千家峒老家。喬健兄書中有這樣一段描述：

　　重返千家峒的運動在近代不斷發生。1941年廣西大瑤山地區的盤瑤盛傳千家峒出了盤王要帶瑤族回去。這年農曆八月初一大批瑤民聚集在廣西忠良縣山界村，敲鑼打鼓地出發往千家峒，當地政府以為瑤人造反，派兵鎮壓，並把幾個帶頭的人抓起來。1957年廣西岩城的瑤人傳說在湖南找到千家峒……消息傳布開來，迅速形成一大規模的千家峒運動。但不久反右運動開始，（主事人）周先隆被打為「地方民族主義」及「現行反革命」，判刑15年！

　　這種的故事在人類學文獻中極為熟識，而在台灣我們也很容易看到類似的例子，基督教中的一個新教派，傳言在中東的聖山「錫安」（Zion）已「遷」來台灣南部，於是形成一般朝聖熱潮，最後行政當局懷疑他們要「造反」，終於派人取締他們。

這種對遙遠理想之國的追尋，應是人類的共同現象，在宗教活動中層出不斷，在受壓迫的少數族群中更是此起彼落，在知識追求的領域內，對於理想範式（Paradigm）的追尋也不斷翻新，人類學家執著於人性普同本質與文化歧異的追尋，就像瑤民的千家峒尋根，或是基督徒的找尋天國復臨的運動一樣，忍受寂寞與困難，鍥而不捨去追求他的理想。然而他與宗教徒或少數族群也有不同之處，他們用理性與科學，而不用傳說或巫術，去追求理想之國，所以其歷程雖然寂寞，但是理想之國終有一天會到臨的。

寫於 1990 年 6 月 23 日颱風之夜

初版自序

　　1987 年底，時任清華大學人文社會科學院院長的李亦園院士邀請筆者前往擔任「洪建全文教基金講座」。那時台灣對大陸政策正開始開放，大家對大陸的事物興趣正濃。筆者便結合前此不久對廣東排瑤、廣西坳瑤以及福建惠東婦女的田野調查，於 12 月 16 日在該院的社會人類學研究所做了一次公開演講，作為「講座」活動的一部分，講題是《婚姻制度與個人自由：三種社會，三種選擇》。恰逢《張老師月刊》王桂花副總編輯索稿，筆者便把這講稿連同有關照片交給她發表，全文在次年 2 月出版的第 122 期《月刊》上刊出，無論是文字的編排或彩色照片的素質，都使筆者讚服不已。另一方面，《月刊》的編輯們又催促著繼續寫，於是筆者把歷年田野調查筆記及照片整理成報告散文斷續在《月刊》上發表。直到 1989 年 11 月出版的第 143 期《月刊》為止，共刊出了 14 篇，於是連同原在《聯合報・萬象版》（1988 年 6 月 17 及 18 日）發表的一篇〈犬的傳人〉，集結成一冊由巨流圖書公司出版。因為這 15 篇都由亦園兄邀我作演講而起，所以這一小集，便非請他寫序不可；他也慨然應允，而且很快地在《中國時報・人間副刊》（1990 年 7

月1及2日）刊出了他洋洋灑灑的序言〈寂寞的人類學生涯〉。

這15篇原來刊出的題目大都是報刊編輯們改擬的。在這小集裡，筆者又把大部分的題目改了或加上副題。內容方面，除了把錯字改正外，也做了一些小的修改。修改最多的地方是把人名的中文譯名去掉，只用英文代表。筆者認為英文在今天中國社會已很普遍，大多數人都會英文字母。與其把西文人名作冗長的中譯，不如只用英文，讓讀者們容易追認。又為了使讀者正確了解每篇內涉及的相對時間，在每篇之後都注明原來刊出的年月。每篇所附的照片也更換了不少。

亦園兄說人類學的生涯是寂寞的，因為這個學科是冷門而且為了田野調查更往往須去到蠻荒異域或者是窮鄉僻壤。筆者自己則感到人類學生涯的另一個特色——「飄泊不定」。這裡有兩層含義：一是生活上的，因為人類學者必須做田野調查，常要遠離家門，居無定所；另一則是思想上的，不少人類學者的研究興趣都是不斷變化，可以忽而親屬制度，忽而文學藝術；忽而非洲的一個初民部落，忽而亞洲的一個現代都市。Lévi-Strauss把這種習慣叫做新石器時代人的習性。他在其所著《憂鬱的熱帶》（*Tristes Tropiques*）中說，就他自己來說便很不習慣在某一塊園地上謹慎耕作而年復一年地都從園地裡收成，而是喜歡放把火，燒開一塊新園地，幾次收穫之後，便又移向新

的荒地。筆者首次與瑤族接觸，便深感他們的游耕生涯實在是上引 Lévi-Strauss 那番話的具體寫照。而且更進一層，大部分瑤族一方面固然是飄泊無定，但另一方面卻對他們歷史上或傳統中的遠祖居地有著永恆的思戀。於是筆者寫了本集中的第八篇——〈飄泊中的永恆〉。人類學者在不斷改變他們的研究題目，卻也在始終不懈地尋求一種恆久的東西——人類思想行為的基本規律與結構——這種東西要比瑤族的遠祖居地更為古老。於是筆者便用這篇名作為這集子的書名。Lévi-Strauss 接著說人類學給了他知識上的滿足，目為它把處於兩個極端的世界史與個人史連在一起了，而且顯出了兩者間共有的理性。筆者自己的經驗是這種滿足只能在田野調查中獲得。當筆者觀察了尤特族（Ute）的遠祖在落磯山（Rocky Mountain）上走過的古道，再去訪問普埃布洛人（Pueblos）祖先在美森危地（Mesa Verde）所留下的崖居遺址，突然感到，筆者與千千萬萬的亞洲人，不正是在重複著荒古以來人類一直在進行著的從亞洲跨越太平洋到美洲尋找新的生活的活動嗎？一剎那間不禁感到一股滾滾洪流從遠古奔向未來，通過田野實地經驗，使筆者清楚看到自己在這歷史洪流中的位置。田野調查因而不只是收集材料的一種手段，而是對自己與世界獲得更深更廣認識的一種過程。

有的人每做完一次田野調查便可寫出一本書來，筆者卻沒有這種能耐，結果是積存了大量的筆記與照片，將來終難免與

筆者一起煙消雲散。現在其中一小部分終能以一本書的形式與讀者見面，主要是由於《張老師月刊》前後兩位副總編輯王桂花與顧雅文，以及執行編輯徐建文的熱誠催促與勤力編排，巨流圖書公司熊嶺先生不計得失，肯為這些冷門材料投資，亦園兄在極度繁忙中擠出時間來為這書寫序，於此筆者謹一一向他們致謝。

增訂版自序

《飄泊中的永恆：人類學田野調查筆記》一書由台灣的巨流圖書公司出版至今已經八年了，初版早已售罄了。雖不時仍有識與不識向我詢問此書，希望買到一本，然而畢竟由於人微書輕（只一百二十多頁，薄薄一本，放在書架上，極不起眼），初版銷售不旺，巨流已不準備增印了。

1995年夏我應邀在北京大學社會學人類學研究所舉辦的首屆高級文化人類學研討班講課。外地前來聽講的學者中有山東大學青年民俗學者葉濤副教授及他的夫人、山東畫報出版社的編輯劉瑞琳女士。兩人都對人類學的田野工作有真誠的興趣，於是極力慫恿我把《飄泊中的永恆》交由他們在大陸再版。我自然也希望我這本小書能與大陸的讀者見面，便接受他們的要求並答應把這書的照片原件找出來。不過他們也覺原書太薄，於是又添了四篇：〈飄遙過海〉及〈滇南行〉是原書出版時未及收入的兩篇田野筆記短文，分別發表於《張老師月刊》第161期（1991年5月）及第158期（1991年2月）；〈冷門裡的大學生活〉是大學畢業後不久回述在台大考古人類學系時的讀書

及做田野調查實習的情況。這篇四十年前舊作,現在讀來,十分為其幼稚卻又帶些自大的口氣臉紅,只是多少記錄下當時的台灣大學生活及台灣土著(那時還不時與「原住民」這詞兒)的情況,而且以之與今日的情況相比,不只是恍如隔世,是隔了好幾世了。所以把它與去年寫成、簡略回顧我多年來研究原住民過程的文章〈人類學家與原住民研究:一些個人的經歷與反思〉,一併列入「附載」。

田野工作是人類學的根本。長期而深入的田野調查是任一專業人類學家必經之路,是他的成年禮。但一個人類學家是帶著七情六慾,靈感與成見進入田野的。所以除了嚴謹客觀的學術報告外,必然有其生活與感情上的經歷值得公開出來,這樣才能展現其田野工作的全貌。亦園兄在其為本書寫的序中提到的 Malinowski 的田野日記,其出版雖曾一時引起不少人對他負面的看法,但人們最後還是肯定其價值,因為只有這樣才使人看到一位有血有肉活生生的科學工作者,而不是一副學術機器。他的高足,另外一位人類學大師 Hortense Powdermaker 所著描述其求學及田野工作的書,《陌生人與朋友:一個人類學家的心路歷程》(*Stranger and Friend: The Way of an Anthropologist*)(New York: W. W. Norton Company, 1966),刊行三十多年來,一直是最受歡迎的大學人類學課程指定讀物之一。我在「初版自序」中所引 Lévi-Strauss 的《憂鬱的熱帶》(*Tristes*

Tropiques）也是敘述他這方面經歷與心得的書，同時也是他著作中最為人喜愛的一本。中國人類學家卻一直還不見這方面的著作。葉濤伉儷以其敏銳的觸覺，立刻看到我這本小書填補這空檔的功用，於是除了籌劃這小書的增訂版外，更力邀當今中國人類學界兩位大師，費孝通先生與李亦園先生，請他們把有關田野工作的文章與圖片，集輯成書，三人的書同時出版。但願他們這番心血沒有白費，希望這三本書的出版能引發更多中國人類學家出來描述他們田野工作中獨特的經歷與心得。

1998 年 10 月 28 日於花蓮

戚羅奇國

── 一個消失在廿世紀的印第安文明 ──

　　1964年10月4日，我與我的論文指導教授 John M.Roberts *駕車離開了康乃爾大學（Cornell University）的所在地，紐約北部的伊色佳（Ithaca），開始了我田野工作上新的一頁。

　　自從1955年秋在台灣大學由歷史系轉入了考古人類學系以後，我便與田野調查結了緣。後者當時是台大最冷門的系，一年級本來有九位同學，但等我轉入之後，除了休學的一位之外，其餘都轉到別系去了。於是從二年級起我便唱獨角戲一直唱到畢業。

　　田野調查是人類學訓練的核心，由於全年級只有我一個學生，調查經費充足，田野機會多，幾乎每年寒暑假都在田野，其中除了一次考古發掘外，其餘都是民族學調查，調查的對象都是高山族。高山族的9個族群差不多都跑遍了。

在當時,高山族還保存較多的傳統文化,去到他們村裡還能感受到一些異文化的情調。然而究竟還是在漢族文化的包圍中,文化差距不算大,因而也沒有經歷到一般人類學田野工作中所見的文化衝擊(Culture Shock)。

1961年我到康乃爾大學修讀博士學位,讀了三年,課程都已修完,準備寫論文了。大部分攻讀人文社會科學的中國留學生寫的論文都是關於中國的,我卻覺得這有點違背留學的原意,想選一個不同文化作研究。恰好我的指導教授從美國國家精神

```
            CHEROKEE SYLLABARY
               GWY JSGIƏJ

    D a        R e      T i     ♌ o    O u    I v
    Ꮄ ga  Ꭷ ka Ꮈ ge     Y gi    A go    J gu    E gv
    Ꮚ ha  Ꭾ he  Ꭿ hi    Ꮉ ho    Ꮏ hu    Ꮐ hv
    W la   Ꮄ le  Ꮅ li   G lo    M lu    Ꮑ lv
    Ꮒ ma   Ꮋ me  H mi   ♍ mo    Ꮒ mu
    Θ na   Ꮎ ne  h ni   Z no    Ꮖ nu    O nv
    t hna  G nah
    Ꮝ kwa  Ꭴ kwe Ꭵ kwi  Ꮳ kwo   Ꭾ kwu   Ꭼ kwv
    Ꮈ sa  Ꮜ s   4 se    Ꮊ si    Ꮸ so    Ꭺ su    Ꮢ sv
    Ꮰ da   Ꮄ de  J di   V do    S du    σ dv
    W ta   Ꮷ te  J ti
    Ꮞ dla Ꮉ tla L tle   C tli   Ꮸ tlo   Ꮟ tlu   P tlv
    G tsa  V tse  Ꮯ tsi K tso   J tsu   Ꮲ tsv
    G wa   Ꮾ we  Θ wi   Ꮎ wo    Ꮽ wu    Ꮿ wv
    Ꮃ ya   B ye  Ꮿ yi   Ꮅ yo    G yu    B yv
```

圖一、CHEROKEE SYLIABARY

圖二、原戚羅奇國的最高法院

衛生組織（NIMH）獲得十萬美金研究經費，準備對美國西南的四個族群做一比較研究，邀我參加，我欣然同意並且選擇了四者之一的拿瓦侯族（Navajo）作為研究對象。正式調查工作準備從 1965 年春天開始，這次旅行只做一般性的考察並為來年的調查做一些安排，目的地是新墨西哥州（New Mexico）的首府聖塔菲（Santa Fe）。

離開了伊色佳，沿途停了幾個城市，10 月 8 日到了奧克拉荷馬州（Oklahoma）的塔拉瓜市（Tahlequah）。這裡原是戚羅奇（Cherokee）印第安人最後聚居的地方，也是戚羅奇國（Cherokee Nation）的首都。戚羅奇原是美國西南部的大族，19 世紀他們中有一位叫做 Sequoyah 的人發明了戚羅奇字母

（Cherokee Syllabary），以 85 個字母代表戚羅奇語的所有音節。

圖三、戚羅奇人在原法院草坪上閒聚

　　1827 年他們仿白人政體，制定憲法，建立戚羅奇國，有統領及參眾兩院，但到了 1838 年便在白人武力脅迫下西遷至現在的地方，遷徙途中傷亡甚眾。他們在塔拉瓜市重建他們的國家，同時設置了法院、學校，並以戚羅奇文字發行報紙。到了 1906 年這個國家終於在重大壓力下解散，戚羅奇人正式成為美國公民，而且逐漸被白人同化。

　　像眾多被白人同化了的印第安人一樣，戚羅奇人都在心中鬱結了不少莫名的不安與憤懣，這種情形，只要細看他們的眼神或與他們稍有接觸便可以發現。

到了塔拉瓜市的第二天中午，我們去市中心參觀原戚羅奇國的最高法院，一座很普通的紅磚建築，在法院旁邊的草坪上有小群戚羅奇中、老年人在曬太陽、聊天。他們都戴著西部牛仔的帽子，衣著舉止都和西部白人沒有兩樣，互相講的也都是英文，但那神態卻總給人一種感覺，彷彿他們是偶然來到這裡，與周圍的環境沒有什麼干連。我給他們照了兩張相，突然一個喝醉了的戚羅奇人從旁對我喊道：「你照他們幹什麼？我才是這裡最窮的，給我一點錢！」不知為什麼，他以為我是專門照窮人的，我沒有理他。他又轉向 Roberts 喊道：「我肚子餓，給我一點錢！」Roberts 給了他三毛錢，但他仍然跟著我們，一路說些很氣憤的話。

傳統上美國政府對待印第安人的政策是強迫同化。到了60年代，隨著民權運動的開展，才有人質疑這傳統政策。1962年起，Carnegie 基金出錢在塔拉瓜市的 Stillwell 初級中學試驗所謂「跨文化教育計畫」（Cross-cultural Education Project），計畫的重點是在教授一般美國的初中課程的同時，也教授這中學裡的戚羅奇學生戚羅奇語言、歷史與文化，讓他們重新找出自己的文化根源，清楚地確定自我的識別。這種做法在70年代以後的印第安人地區已經普遍推行了，但在當時卻是創舉。主持這一計畫的是一位教育學家叫做 Robert Thomas，以及一位語言人類學家叫做 Williard Walker，後者是 Roberts 的學生，可以說是

我的師兄了。我們這次來這裡，便是乘南下之便，順道了解一下這計畫進行的情況。

10月9日下午Walker帶我們去看實驗教學情況。除了白人老師外，他們還聘請幾位戚羅奇人教戚羅奇的語言、歷史與文化。我也應邀講了一點關於中國文化、語言與文字的事，學生們覺得很有趣，好像比對他們自己的東西興趣更大一些。

當天晚上，Thomas在他家中開酒會歡迎我們。除了Walker、Roberts和我外，還請了在塔拉瓜市念大學的五位印第安青年，其中一位是女的。這五位青年喝了酒以後，便漸漸忘形起來。先是一位很壯實的青年拉著那位女的進到廚房後面一間小房裡，把門虛掩著。一會兒，主人走進去拿東西，他一推門探身進去便急忙退了出來並把門關上，滿臉露出驚奇。一位讀政治系的則站在客廳中央不顧別人的反駁，不斷地嚷著說保守的共和總統候選人Goldwater如何可以穩勝。另一位學社會學的青年在客廳一角與Roberts不知為什麼激烈爭辯起來，辯得聲音越來越大而且不住地揮舞著雙臂，Roberts禁不住叫他去看精神科醫生。這時我站在客廳中靠近廚房的地方正與Walker談話，突然聽到站在廚房當中的一位印第安青年大叫道：「你們看呀！」說時遲，那時快，他已經拉開褲襠，一手扯著他的陽具在廚房中撒起尿來，而且四處掃射，灑得滿地是尿。

在回旅館途中，Roberts 問我：「這恐怕是你來美國以後，最大的一次文化衝擊吧？」我笑著點了點頭。

第二天一早，我們便起身去聖塔菲，又開了兩天車才到達。

1988 年 5 月

註：John M.Roberts 教授不幸已於 1990 年 4 月 2 日因癌症在匹茲堡（Pittsburgh）逝世。Roberts 教授初為筆者在康乃爾大學博士課程導師，之後一直維持合作研究關係，而且建立了深厚友誼。對他的遽爾長逝，筆者感到深切的哀痛。本書首五篇所述的田野調查都是筆者與他一起或在他指導下做的，現謹以此五篇短文，略志對他的哀思。

美森危地

―印第安人的崖居遺址―

　　北美最高的落磯山脈（Rocky Mountains）自北向南，巍然而下，到了科羅拉多州（Colorado）卻戛然而止，使得科州成了高原，而南面的新墨西哥（New Mexico）與阿里桑納（Arizona）卻成了一望無際的草原與沙漠。

　　史前印第安人逐野獸南來便曾留在高原上盤桓，所以科州的史前遺址特多，而且大多直接與現居新、阿兩州的印第安人有關。遺址中最大最為壯觀者便是美森危地（Mesa Verde）國家公園中的崖居（cliff dwellings）遺址。Mesa 這個西班牙字本指突起的台地而言，但如意譯為維德高台地，便沒有人會把它和這個著名的美國國家公園聯繫起來，所以還是譯音比較清楚些。

　　1964 年 10 月 11 日，我與我在康乃爾大學（Cornell

圖四、建在懸崖上的最大崖居遺址──崖宮的一部分

美森危地 31

University）的論文指導教授 John M. Roberts 同車到了聖塔菲（Santa Fe），待了一個多星期，為來年的田野工作做了必要的接觸與安排後，便於 10 月 20 日北上訪美森危地。

那時這個國家公園，半數以上的遺址還在發掘與修整中，主持發掘工作者是 Roberts 的一位老友叫做 Richard Wheller。我們來這裡一是看看發掘情況，二是了解一下我們所要調查的民族的歷史背景。早上十點半便到了 Wheller 的辦公室，先聽他對這地區的考古做一大略介紹。

科羅拉多州最早的遺址可追溯至一萬年前，那時的人都住在山洞裡，以狩獵野牛等動物及採集為生。農業則從公元一世紀起才逐漸發展，種植以玉米為主，而且漸有村落形成。這些從事簡單農業的人要在公元 6 世紀才在美森危地出現。從 8 世紀到 12 世紀，美森危地的人口發展迅速，而且有很多小型的村落出現。

到了 13 世紀又產生了新的也是最後一次的變化，小型村落集中成大型社區且大部分建立在出入困難的懸崖上，這種社區的遺址便是今天最吸引遊客的地方。這種新的變化，大約是外族騷擾逐漸加強的結果。一般推斷，那崖居的居民便是現住在平地上的普埃布洛（Pueblo）族的祖先；而騷擾他們的，主要是

現居科羅拉多以及猶他州的尤特族（Ute）的祖先。

然而那些早期的普埃布洛族人在他們革命性的大型崖居社區中並沒有住很久。到了13世紀末這些崖居便空置了，普埃布洛人搬走了，美森危地突然變得異常寂靜，他們為什麼急速地遷走？考古學家迄今尚無確定的答案。可能的原因有三：一是外族侵略，二是缺水，三是內訌。

一般考古學家認為最後一點最有可能。因為在美森危地內，並未發現顯著的戰爭遺跡，可見外族侵略並不十分嚴重，在崖居建成後，普埃布洛人應可以應付了。而從12世紀起，在美森危地已有良好的供水系統出現；根據樹輪成長記錄顯示，這地區在公元1273至1287年間有嚴重乾旱，但情形並不比這裡以

圖五、筆者與Robert教授在正在發掘的長屋遺址中

前所遭到的多次乾旱更壞，不足以成為迫遷的主因。所以，最大可能的原因還是因為人口集中後，磨擦增加了，內訌不休，人們只好另尋樂土，於是紛紛南遷，在新、阿兩州另建新社區，形成了現在這兩州內的各種普埃布洛人。

聽完 Wheller 的簡介之後，一同到他家裡午餐。餐後便去參觀，先看雲杉屋遺址（Spruce Tree House），這是國內保存較完整遺址之一，就在公園遊客中心的左近，由於前面有棵大雲杉，所以便取這個名字，有 114 間房間，當時可能住了 100 至 150 人。

看完後再開車去看園內最大的遺址：崖宮（Cliff Palace），這裡有兩百多間房，當時住了 200 至 250 人。這兩個遺址都是經由 Richard Wetherill 與他的妹夫 Charles Mason 在 1888 年發現的。崖居裡的居民日間上崖頂工作，上下崖頂都要通過一條陡而滑的石級，腳踏不穩，極易墜落深淵，所以陌生人極難進入這些崖居的。

看罷崖宮已經下午 5 點，我們便一起去看 Hall 氏夫婦，他們住在一個汽車房屋（Trailor）裡，他們在遊客中心旁邊叫做 Navajo Hill 的小山上建了一個旅館，正在籌備開張中，我與 Roberts 便成了這旅館的第一批住客。

晚飯之後，我一個人出來在懸崖頂上漫步。這夜正逢月圓而且晴空萬里，高原的初秋清爽而無寒意。在這樣清澈透明的夜色中，望著那深邃的山谷，想像六百年前普埃布洛人在此生息，彷彿又見到那秋收之夜，歡騰歌舞的情況。

從這裡再想遠些，想到他們的祖先，如何於荒古之時，從亞洲經白令海峽、阿拉斯加、加拿大，而逐代南下來到這高原上，終能適應自然，防禦異族，在這裡生存發展，然而最後卻因為內訌，不免四分五散。我突然感到這是一個多麼古老而又現代的故事啊！這故事的基本模式不是還在我們這些當代亞洲人中，重複著嗎？

第二天早上，Wheller 又帶我們去看公園中未開放部分，因為路未鋪好，只能坐吉普車去。那裡最大的一個遺址是長屋（Long House）。後來在 1973 年開放之後，這裡與崖宮便成了公園中最吸引人的地方。

看完長屋之後，我與 Roberts 便開車回新墨西哥去，但不是回聖塔菲，卻是去新州西部訪問崖居人的子孫—現代普埃布洛人。

1988 年 6 月

普埃布洛人

—太陽神型人格的代表—

　　普埃布洛人（Pueblos）是大部分美國西南部大型考古遺址的主人，上次講到的美森危地（Mesa Verde）的崖居（cliff dwellings）便是遺址中最大最壯觀者。隨著這個遺址的棄置，其他的遺址也都在 14 世紀被棄置了。與此同時，沿著格蘭底河（Rio Grande）及其支流出現了很多村莊，有不少還一直維持到現在。

　　1964 年 10 月 21 日我與 John M. Roberts 教授訪畢美森危地之後，又開車南下，到了新墨西哥州（New Mexico）的蓋洛普（Gallup），住在當地一家旅館裡，一來是安排來年春季對拿瓦侯（Navajo）人的調查，二來便是訪問現代普埃布洛人的村落，特別是 Roberts 早年研究過的儒尼（Zuni）族。

　　美國女人類學者 Ruth Benedict 的經典著作《文化模式》

圖六、普埃布洛人的野牛舞

圖七、蓋洛普市每年夏季印第安人遊行隊伍中的儒尼兒童

(*Patterns of Culture*)使得她及普埃布洛人都成了人類學界,甚至世界知識界中家喻戶曉的名字。她把普埃布洛人形容成溫和、理性與保守的太陽神典型(Appollonian)人格;與激情、放縱的酒神典型(Dionysian)的夸究特人(Kwakiutl)成強烈對比。

　　Benedict 以儒尼族為普埃布洛人的代表,因而在她書裡對儒尼族有詳細的描述。在她眼裡,儒尼是個非常注重宗教與儀式的民族,他們在各種繁複的儀式方面,花費了很多時間與精力。同時,他們太陽神的性格在宗教行為上充分表現出來,譬如在唸禱告詞時,絲毫沒有個人感情的流露,只是重複一些固定的公式。

圖八、普埃布洛人一家參觀他們祖先的遺跡（1965）

此外，儒尼人都怕做領袖，不願鋒頭太健，他們最喜歡的是一些多人可以參加而且得失不大的活動。這種溫馴、保守的性格，在孩提時代便已具備了。事實上，在 Benedict 看來，儒尼的兒童天生便比白人小孩聽話得多，極少需要父母管教，更少見到父母責打小孩的。

中國人類學界的一位前輩李安宅先生在 Benedict 的名著出版後一年，即 1935 年去儒尼調查，在一個儒尼家庭中住了三個月。他應該是第一個調查印第安人的中國學者。

根據親身調查資料，他在 1937 年出版的《美國人類學報》（*American Anthropologist*）發表了論文〈儒尼：一些觀察與疑問〉

（*Zuni: Some Observation and Queries*）。這篇論文也成了人類學的經典，同時也極可能是中國社會科學家們寫的論文在美國流傳最廣、被引述最多的一篇。

李安宅先生根據他自己的調查，對比中國社會的情形，對 Benedict 及與她同時的美國人類學家如 Ruth Bunzel 及 A. L. Kroeber 等有關儒尼的論述予以批評。他認為把儒尼族形容成經日沉湎在宗教或儀式活動，是一種誤導的說法。

首先儒尼的宗教儀式活動很多與生產有關，如求雨的舞蹈與祈禱，可以說是生產活動的一部分。其次如果一個外國人初到美國大學看到美國大學生對球類比賽的狂熱，一定會以為美國大學生成天都在打球，而不作功課的；但觀察久了，便知不然。認為儒尼整天在從事宗教活動也可能是同樣的一種錯覺。

所有人類社會都有競爭，儒尼自不例外，只是競爭的方式與手段不同而已。有些是明的，但多數是暗的。儒尼正屬於後者，他們並非沒有做領袖的野心，只是競爭的方式不同而已。

兒童的行為最足以顯示文化的不同，在美國社會，教誨兒童的責任主要在其父母，但在儒尼社會正像中國農村一樣，村裡的每個長輩都可以對不守規矩的兒童加以訓誡，所以兒童在大人面前便顯得比美國兒童聽話。

圖九、筆者攝於普埃布洛人建在山上用來避暑的「空中城市」（Sky City）（1965）

　　李安宅與 Benedict 對儒尼文化解釋的不同，大半歸因於他們兩人文化背景的不同。由此可見，人類學者本身的文化背景對他的研究有很大的影響，這種情形其實在整個社會科學界都存在。正因為這樣，美國學者一直渴望有更多東方人去研究印第安文化。

　　李安宅在調查完儒尼後，次年回到他的母校燕京大學任教，同時開始西藏的研究。但從 1961 年起，他便一直在成都的四川師範學院教書，而且據說教的只是英文。「文革」之後，在國際上早有聲望的人類學家如費孝通、林耀華及田汝康等都先後恢復其專業，唯獨李安宅沒有。1981 年，日本人類學家中根千

枝成都見到了他，並把他在 1938 至 1941 年對拉卜楞寺的實地報告原稿攜出，修訂後在日本出版（1982 年）。1985 年夏，我去成都訪問順道想拜訪他，卻得知他已在數月前過世了。

儒尼保留區在蓋洛普市（Gallup）南約 20 英哩。1964 年 10 月 23 日我與 Roberts 從蓋市開車去訪問，距李安宅在儒尼的調查近 30 年。30 年來，儒尼人以及所有的普埃布洛人與白人的隔閡，不是減少了而是大大地增加了。

儒尼保留區核心部分早已不許外人進入，保留區內都不許攝影與描繪，所以有關儒尼族多姿多彩的宗教活動的照片，是 30 年代留下來的。

我與 Roberts 先在保留區邊上的一家叫做祭園餐廳（Kiva Cafe）午餐。這餐廳的主人與 Roberts 是舊識，也是儒尼人。他與我們大聲說笑，並無一點太陽神型性格的特色。

午餐後我們又去找 Roberts 以前的一個儒尼族翻譯人，他也住在保留區的邊上，住處是一排三屋的平房。我們到時，他正在與他的妻子點算從白人商店拿來的收據及帳單，見到 Roberts 只淡淡地打了個招呼，卻不請我們進去。Roberts 站在門口說：「為什麼咱們不坐下來談談？」他才邀請我們到他的廚房，四

個人圍著張長桌坐下,然後他說:「你們這些白人,一離開了就把我們忘了,我寫信給你們,你們也不回,真不夠朋友!」說完不自然地笑了兩聲。

他指的白人,除了 Roberts,還有兩三位也是人類學家,其中包括新演化論派大師 Leslie White。他又抱怨「印第安人事務局」把原屬於儒尼族的放牧地縮減了,他因此損失 250 頭羊。Roberts 把我簡單介紹了一下,又叫我說幾句中國話給他聽。我隨便說了幾句,他聽完之後,便轉過頭去要 Roberts 講幾句儒尼話,Roberts 講不出來,他便繃著臉說:「你一直說要學儒尼話,卻一直不學。」說完又乾笑了兩聲,但隨後氣氛漸漸輕鬆起來,Roberts 和他交換了不少兩人所共同認識的人的近況。我們坐了一個多小時,便起身告辭。

後來我在調查拿瓦侯人時,雖然也經過儒尼保留區幾次,然而由於儒尼不是我研究的對象,便沒有再進去過。

1988 年 8 月

拿瓦侯族

—北美洲最大的印第安族群—

1965年4月4日我與我的指導教授John M. Roberts駕車離開了康乃爾大學的所在地—紐約州北部的伊色佳（Ithaca），第二次啟程往美國西南部。我去對拿瓦侯（Navajo）族做深入的田野調查，他則對美國西南部四個族群做比較研究。我們走了6天，在4月9日到了新墨西哥州（New Mexico）的首府聖塔菲（Santa Fe）。離開伊色佳時，那裡仍見白雪在地，正是冬去春來的時候；到了聖塔菲卻已是暮春光景了，只是草原上的暮春清晨與夜晚仍有料峭寒意。

美國的城市多半讓人有千篇一律的感覺，但有三個城市因其異國情調，形象卻非常突出。其一是舊金山，充滿了東方色彩；另一是新奧爾良（New Orleans），有著濃厚的法國情調；第三便是聖塔菲，則完全是個西班牙風味的城市，異國情調最為顯著。全城建築不論新舊都是西班牙式的，城內保存了不少西班

圖十、蓋洛普市印第安人遊行中拿瓦侯族婦女

牙傳統庭院,院中供應墨西哥或西班牙餐。

我們住在郊區,主要是先在當地人類學實驗室,查閱保存在那裡的有關拿瓦侯族群的資料。這裡不但存放 Roberts 等同輩人在 50 年代對拿瓦侯做調查時的筆記,更包括了當代人類學大師之一──Clyde Kluckhohn 的田野筆記。可惜後者的主要部分已經被人取走(傳說是在他死之後,被他那也從事人類學教學的兒子取去的)。但從僅剩下來的一些,也可以看出一些從他發表的著作中看不到的情形。

譬如他覺得拿瓦侯人疑心極重,動輒懷疑從外面來的人是外國的間諜。他自己因為曾在奧地利讀過書,會講德語,所以

圖十一、拿瓦侯人在騎牛賽會的會場上

拿瓦侯人一直懷疑他是納粹德國的間諜。此外拿瓦侯人對人類學者也很猜忌和斥拒。有次他在商店裡買東西，聽到店主對一位走進來的拿瓦侯人說：「有兩位人類學者在找你，不知道你見到他們沒有？」那人說：「他們來了我家，我已經把他們趕走了，他們都是共產黨！」看了這些描述，我不禁對我未來的田野工作擔憂起來。

Kluckhohn 曾編過一本有關研究拿瓦侯族的文獻目錄，在 50 年代初出版。這本目錄所收集對拿瓦侯研究的文獻已超過七千種。拿瓦侯確實是被人類學者研究最多的民族，這恐怕也是他們對人類學者不耐煩的原因之一。當時流行的一個笑話說：

圖十二、拿瓦侯人的六角形屋

「一個拿瓦侯的家庭包括了母親（因為拿瓦侯是母系社會）、父親、子女和一個人類學者。」

拿瓦侯是美國最大的印第安族群，我在 1965 年調查時，其人口已達十萬人；由於他們的生育率遠比白人為高，現當早已超越此數了。他們的保留區也是美國最大的，語言則是屬於阿塔巴斯肯（Athapaskan）語族的阿巴威（Apachean）語系。

由於阿塔巴斯肯語也是單音節有聲調的，所以近代語言學大師，已故的 Edward Sapir 曾大膽地假設它和漢藏語族是同源的。在外人聽來，拿瓦侯語與中國話確有點相似。

有一次我的一位學長，任先民先生從紐約來經過聖塔菲去墨西哥公幹，知道我在那裡，便打電話來人類學實驗室找我，我跟他在電話上講了半天。剛放下電話，便有一位剛開始學拿瓦侯語的女士跑來說：「你的拿瓦侯話怎麼講得那麼好！」其實，對中國人及拿瓦侯人來說，都覺得彼此的語言相差很遠。

根據「詞源年代學」（Glottochronology）的分析統計，拿瓦侯人到達現美國西南部地方的年代應在9世紀與14世紀之間。到了這裡之後與較高文化的普埃布洛（Pueblo）人接觸，向後者學得了基本的農業技術。1835年西班牙人來了，拿瓦侯人又向他們學得了養馬、騎馬的畜牧技術。從此拿瓦侯便以畜牧與農業為主要的生產活動。

1846年美國從西班牙手中取得了這地方的主權。拿瓦侯人與白人移民接觸漸多，衝突也多了起來。到了1863年，美國派遣 Kit Carson 率兵鎮壓，經過了兩年的遊擊戰爭，拿瓦侯人終於不敵而投降，全族八千五百名的男女老幼，全部被集中管制在現在的新墨西哥州 Fort Sumner 地方。在禁閉兩年之後，拿瓦侯族推派出12位領袖代表和美國政府的 W. T. Sherman 將軍簽了和約，答允從此不與白人為敵，並送他們的子女進美國政府辦的學校就讀；美國政府則應允為拿瓦侯人劃定保留區，並給予一萬五千隻羊及五百頭牛供給他們畜養繁殖。

拿瓦侯人恢復自由後，人口迅速增加，保留地也不斷擴展。我去調查時，他們保留地的面積，總共有兩萬四千平方英哩，跨越了阿里桑納（Arizona）、猶他（Utah）與新墨西哥三州。

拿瓦侯是母系社會，不動產大都屬於女子，婚姻多數實行從妻居制，但也偶有從夫居。他們或住在用木柱及泥土搭蓋的六角形屋中，這種屋他們叫做 hogan；或住在木板搭蓋的長方形屋子中。一個家庭與另一個家庭往往相距甚遠，極少像普埃布洛人那樣作密集居住，所以沒有傳統形式的村落。

整個保留地分成 96 個區（當地人習稱為 chapters），每一區以區會所（chapter house）為中心，設有民選的主席、副主席及書記各一人。區之上則有部落會議（tribal council），由 74 位民選的代表組成，並設有正副主席，這一套是拿瓦侯人的自治組織。但拿瓦侯人同時還要接受美國內政部屬下的印第安人事務局（Bureau of Indian Affairs，簡作 BIA）的統轄。兩套組織的權責劃分得並不清楚，所以兩者的衝突正日漸增加。

我在聖塔菲買了一部二手福斯車（Volkswagen）準備田野調查用，這種車最適宜拿瓦侯保留地那些崎嶇的道路。1966 年 5 月 26 日，我辭別了 Roberts 教授，獨自駕著這部車往保留地去，途中在一家中國餐館停下來晚餐，餐後侍者照例送上幸運餅，

拿瓦侯族

掰開來一看,只見那裡面小紙條上印著:

一件艱難的工作正在你面前,要用勇氣去面對它。（A hard task is before you. Face it with courage.）

1988 年 9 月

在拿瓦侯保留區
展開田野調查

　　拿瓦侯保留區是北美印第安保留區中最大的一個，主要部分在美國阿里桑納（Arizona）州的東北，向北伸至猶他（Utah）州的南疆，向東則包括了新墨西哥（New Mexico）州的西域，總面積兩萬四千平方英哩。拿瓦侯人把這領域叫做「國」（Nation），而不喜歡叫它做保留區。「拿瓦侯國」的首都則設立在「窗岩」（Window Rock）鎮，位近阿里桑納州的東界，那裡設有拿瓦侯族的部落議會以及印第安人事務局的辦事處。

　　1966年5月27日我從聖塔菲（Santa Fe）開著我那新買的二手福斯車到了新墨西哥州的雷瑪（Ramah）。這是個靠近阿里桑納州界的小鎮，雖不在拿瓦侯保留區內，但有一些拿瓦侯人租了附近的草原放牧，便住在鎮的四周，所以已經是拿瓦侯人的地盤了。

　　鎮上有位姓佛特（Vogt）的老太太經營著間小型的客舍，

圖十三、拿瓦侯保留區內的公路（1965）

叫做佛特客舍（Vogt Ranch）。雖只有幾間房，但在美國人類學界卻是非常有名。從 A. L. Kroeber 以下，很多著名的人類學家都在這裡住過，翻看這裡的旅客簽名冊，像是在看美國人類學名人錄。

原來佛特老太太是已故美國人類學大師 Clyde Kluckhohn 的姑母。Kluckhohn 自維也納學精神分析學回來後，由於身體不適，便在這裡養病，因而結識了附近的拿瓦侯人，同時興趣也逐漸轉向人類學，他的第一本書《去到彩虹的腳下》（*The Foot of the Rainbow*），1928 年出版，描述他與拿瓦侯人相處的經驗，便是在這裡寫的。佛特太太的兒子 Evon E. Vogt 也是人類學家，一直在哈佛大學任教。我在這佛特客舍暫住了下來，先訪問周圍的拿瓦侯人。

第二天一早我先找約翰・查多（John Chatto），他做過長時期的 Kluckhohn 的報導人與翻譯人，他的一個兒子和女兒都分別用了 Kluckhohn 夫婦的名字。他住在拿瓦侯傳統的六角形屋（hogan）中，我在離他住處不遠的地方找到了他。由於去年來時已見過他，所以彼此認得。他一見到我便說昨晚他妻子在醫院分娩了，因為沒有車，所以還沒去看她，我便開車送他去。

在這裡做田野工作，很多時候都要充當報導人和翻譯人的義務司機。好處是可以藉機和他們談天，問一些不便在正式訪問時間的問題，壞處是太花時間。每次一往返，總要花上大半天或一天的時間。我在途中跟查多約好，從明天起，由他來教我傳統拿瓦侯的「祝福道」（Blessing Way）。我研究的主要是拿瓦侯的祭祀傳統，拿瓦侯把祭祀分做很多「道」（way），其中最普遍、也舉行最多的便是祝福道。

我們在蓋洛普（Gallup）市的黑岩醫院（Black Rock Hospital）看到了查多太太，她生了個女兒，母女平安。三天以後，我帶了查多和他的兩男一女來醫院接他太太和嬰兒回去，他們全家大小六口擠塞在我那小福斯車裡，我正在發愁那小車能不能承受得起，忽見一部半噸小卡車在我車前面不遠處停下，查多的子女立刻從我車內衝出跑到那輛車去，原來是查多的岳父母到了，查多則坐在我車內不動。那卡車先走，我在後面跟著。

圖十四、拿瓦侯的舞者（最左一人為哈佛大學人類學系的學生）（1963）

到了查多住處，那卡車放下查多子女便逕自走了。查多向我解釋說：按照拿瓦侯的風俗，他不能與他岳母打照面。拿瓦侯這種岳母避忌（Mother-in law Avoidance），人類學文獻及教科書常常提到，現在終於親自見到了實例。

我跟查多斷續學了十天的祝福道，這其間又為他女嬰的病去了兩次醫院，那嬰兒在出世後第八天便死了，死因是肺炎。6月9日我離開了雷瑪驅車進入了拿瓦侯保留區。在逐一訪問了保留區東面幾個村落（按拿瓦侯的劃分，應該叫做 chapter）後，決定在東北角上一個叫做魯卡初開（Lukachukai）的地方住下，並在其周圍做長期和深入的訪問，這是保留區內受外界影響較

少、傳統習俗保留較多的地區。首先我必須找個住宿的地方，於是我便去找這一區（chapter）的行政人員幫忙。

6月18日上午我開車到魯卡初開，先去我認識的一位拿瓦侯人家中訪問。據這人說當天下午一時，這區的區民大會將在區會所（chapter house）召開，建議我乘機向這裡的人說明一下我的研究。於是我在會前十分鐘到了區會所，先找到區的秘書。原來每一區有主席、副主席及秘書各一人。前面兩人大都不會說英文，但秘書一定是懂英語的。我把我的來意向秘書說明由他翻譯給主席，他們兩人都同意把我介紹給大會，而且讓我講幾句話，於是我們一齊進入會場。

場內已坐了幾十人，而且陸續有人進來，男的坐在左邊，女的坐在右邊，我跟著他們兩位坐在主席台上，跟我坐在一起的，還有鄰近一區的兩位負責人及一位印第安人事務局派來的白人。我的講話排在那白人的後面，由區祕書做翻譯。我首先對自己的背景做了個簡單介紹，然後說我希望能在魯卡初開住上半年，對拿瓦侯的語言與文化做點深入了解，並與中國文化做一點比較研究。

我話一說完，便有三位拿瓦侯男士起立爭著發言。第一位說：「你的研究對你有好處，對我們卻沒有好處。」第二位說：

「你是從那麻煩最多的地區來的，我們怎能信任你呢？」第三位說：「我們是很會猜忌的民族，你最好還是先取得那開主席的許可再來。」事實上我已約定 6 月 21 日和拿瓦侯部落會議主席那開（Raymond Nakai）見面，於是我離開會場，決定等見了那開後再說。

我本來就知道拿瓦侯人疑心很重，如前文所述 Kluckhohn 便被他們懷疑是納粹德國的間諜。此時越戰正在升級，拿瓦侯又分不清台灣與中國大陸，自然會懷疑我。但有一點是事後才知道的，原來二次大戰時，美國海軍曾用拿瓦侯語來做秘密通訊用，據說德國人曾派人來偷偷地學拿瓦侯話，現在我說要學他們的話，更引起他們的疑心了。

三天後我見到了那開主席，他對我的研究計畫很有興趣，並說曾看過一些介紹孔子的書，加上我帶著康乃爾大學的介紹信，所以他欣然同意我在保留區做研究。隨後我又幸運地找到了一位極有經驗的翻譯戚克。他的全名是 Albert George Sandoval，但大家都叫他 Chic（戚克）。他曾為美國近代語言學大師 Edward Sapir 做過長時期的翻譯，並曾為很多人類學家和語言學家工作過。我見到他時，他已 73 歲了，然而他的記憶力仍很好，反應敏捷，加上他那極為流暢的英語，可以說是我一生用過眾多翻譯人中最好之一。我恐怕是他最後一個合作者，

因為在我離開後兩年多，他便過世了。

　　我和戚克講明，我住在他家中，付他食宿費，每天美金3元。6月27日我搬進他家並開始一起做訪問。然而周遭的拿瓦侯人仍然對我充滿敵意，好幾次我在戚克家裡，聽到有些年輕人開車經過，對著戚克的房子唱道：「那個細眼睛的人啊，還是回家去吧！」更有一次，我參加附近一個「女兒舞」（Squaw Dance）祭祀，突然一個高大的拿瓦侯中年男子走到我面前來，我依照拿瓦侯的習慣，伸出手去要和他握手，他卻用相當流利的英語說：「我不要和你握手，我想殺掉你。」他略頓一下又說：「你等在這裡，我現在就回去拿槍來。」說完他便開著他的小卡車走了。我一直等到祭祀完畢，都未見他再出現，我的命便也保住了。這樣經過了約一個月，我和周圍的人漸漸熟絡起來，他們對我的猜忌與敵視便也消失了。

　　　　　　　　　　　　　　　　　　　1988年11月

犬的傳人

近年來通過現代傳媒,龍的形象變得空前地顯明起來。海內外的中國人一時紛紛自詡為龍的傳人,對於龍圖騰的認同,遠遠超過政治的分裂。

圖十五、湖南江永縣錦福村供奉的盤王(1987)

圖十六、義作梁持祭祀時盤王所戴的錦繡帽（1987）

然而過分強調龍圖騰的認同，卻忽略了一個簡單事實——中華民族原是由許多不同民族共同組成的。在這眾多不同民族中，以龍為圖騰的主要是漢族，其他民族各有自己的圖騰。所以忽略這一簡單事實，便忽略了中國少數民族的存在，也忽略了中國文化形成的多元性。

分佈在廣西、湖南、廣東、雲南、貴州與江西等省的瑤族，福建、浙江與廣東的畬族，以及海南島的黎族，都以犬為他們的圖騰，他們是「犬的傳人」。

據《後漢書‧西南夷傳》所載，傳說古時高辛氏受到犬戎的

圖十七、廣西金秀縣羅運村供奉的盤王（1987）

侵略，詔令天下：「有能得犬戎之將吳將軍頭者，賜黃金千鎰，邑萬家，又妻以少女。」高辛氏自己養的一條叫做盤瓠的狗，聽到詔令之後，便去咬了吳將軍的頭回來。皇帝一見立功的是狗，便有些後悔，倒是皇帝的小女兒認為皇帝不能失信，便與盤瓠一起跑到深山中，生了六男六女。據瑤族的傳說，這六男六女便是他們十二姓的始祖。畲族的傳說稍有改變，一是說盤瓠原是從宮中老婦耳中取出的蟲變成的，另一說是盤瓠在結親之前，先伏在金鐘內，把自己變成人形，伏到第六天時，皇后心急揭開金鐘來看，見她未來女婿全身都變成人了，只頭未變，所以盤瓠是狗頭人身。畲族遠較瑤族漢化，這傳說上的不同，正象徵了漢化程度的不同。

漢族雖自認是龍的傳人，卻除了農民求雨之外，很少拜龍王。瑤族拜盤王或盤瓠王，卻是普遍而非常認真的。過去每年都舉行大規模的「還盤王願」祭祀，「文革」期間曾被禁止，現又逐漸恢復。盤王廟也很普遍，每個瑤村都有，只是1957年後，都遭到不同程度的破壞。

盤王廟有的很簡單。譬如我在廣西金秀縣羅運村所見坳瑤的盤王廟，只是一塊上尖下寬的圓形石頭放在一個木柱樹皮頂的亭中。比較堂皇的一個，是我在湖南江永縣錦福村看到的。這村的居民都姓義，所以這裡的盤王廟又叫義氏宗祠，建築也頗像漢族的宗祠，也有些畫棟雕樑。主樑上刻有四隻狗，象徵抬著主樑。據廟的主持人義作梁說，主樑代表盤王，那四隻狗是他的女婿。樑下正廳當中供著一石狗便是盤王，「文革」時狗頭被打掉，現在用水泥補上，顯得很不相稱。根據廳內牆上的文字，這廟建於萬曆十五年。據義作梁說，有一件給盤王戴的錦繡緞帽也是明朝做的，現在由他保存，每年祭盤王時，拿出來戴在石狗頭上。

站在石狗旁邊，義作梁娓娓向我訴說他們古老的故事。他說元朝以前，他們的祖先原住在千家峒，那是瑤族傳說中的桃花源，現已被一些學者考訂為現在湖南江永縣大遠瑤族自治鄉。為了逃避元兵，他們的祖先開始四處流亡，一直到明朝才定居

下來。他們現在最大的願望是政府能確認他們是瑤族，並且讓他們回到千家峒去。但據當地的幹部說，江永縣一帶崇奉盤王，要求被劃定是瑤族的很多，他們目前的民族識別都是漢族。由於牽涉人數太多，他們的要求一時恐難獲准。在這裡我們看到，「犬的傳人」現在要藉著那古老的神犬傳說來爭取確認他們的身份，並尋回他們代代傳說中的樂園。

1988 年 6 月

千家峒
―瑤族的桃花源―

　　千家峒是瑤族傳說中的桃花源。在一百四十萬瑤族人中，大半有千家峒的傳說。所謂「峒」，據 1979 年版的《辭源》解釋是「舊時我國貴州廣西少數民族聚居地方的泛稱」。據我實地調查的結果，「峒」都是指群山環繞，只有一主要出入通道的小平原。傳說中千家峒的入口便是一小溪盡頭的石洞，裡面是個廣闊肥沃的平地，共分三部分。瑤族的《盤古書》說：「千家峒分三個峒，下峒三百三十三家，中峒三百三十三家，上峒三百三十三家……」連一座盤王廟，正好是一千家。

　　這一千家人過著桃花源式的生活，但到了元朝大德年間，據說由於瑤族對前來收稅的官吏招待太熱情，使他們樂而忘返，朝廷卻以為他們被瑤民扣留了，派兵圍剿。瑤族把諸神祇的像及財寶埋在一個山洞裡，發願五百年後，子孫重來朝拜，全峒男女老少會齊在上峒，於元成宗大德九年（1305 年）三月十九日午時從峒後高山逃出。從此分做數支在湖南、廣東、廣西等地輾轉遷徙。

重返千家峒的運動在近代不斷發生。1941年廣西大瑤山地區的盤瑤盛傳千家峒出了盤王要帶瑤族回去。這年農曆八月初一大批瑤民聚集在廣西忠良縣山界村，敲鑼打鼓地出發往千家峒去，當地政府以為瑤族造反，派兵鎮壓，並把幾個帶頭的人抓了起來。1957年廣西岩城縣的瑤族傳說在湖南找到了千家峒，有36位中老年瑤民，在當時觀音鄉鄉長長周先隆的率領下，徒步在山上走了三天，到了現在湖南江永縣大遠鄉，實地勘察並與當地瑤民討論，認為大遠鄉便是傳說中的千家峒。他們在當地的盤王廟中祭拜了祖先，發誓要帶領瑤族人民回來，然後走回恭城鄉宣佈他們的發現，消息迅速傳布開來，形成一大規模

圖十八、千家峒內的平地瑤

圖十九、千家峒的舊時入口

的返回千家峒運動。但不久,反右運動開始,周先隆被打為「地方民族主義」及「現行反革命」,判刑15年,同時牽連了很多人。周後來雖被提前兩年釋放,卻在1971年自殺。

80年代初,青年學者宮哲兵與一批瑤族掌者,根據瑤族文獻與傳說對大遠鄉地理景物做了系統性的考證,對於民間流傳大遠鄉就是傳說中的千家峒的說法,予以學術上的肯定。當地政府也把千家峒三字刻在大遠鄉的入口處,並且計劃把這地方建成一個觀光

區。

圖二十、千家峒一熔洞內的狗型熔岩、相傳係盤瓠化身

　　1987年的暮春與初冬，我匆匆訪問了兩次千家峒，都是由江永縣政府的人員做嚮導。「峒」的入口在當地人叫做穿岩的一座岩石山下，離縣城十一華哩，坐汽車一下子便到了。山前有一小溪緩緩流來，流到峒口前便沿著山邊流走了。與穿岩遙遙相對的也是一座岩石山，當地人叫做鬼岩，貫穿了整個千家峒的大遠河便從兩岩間流過。據說以前河水很深，兩岸又都是高大的原始森林，所以兩岩之間並無通道，因而千家峒唯一的入口便是那穿岩下的山洞了。

　　70年代初為了建公路，把穿岩炸去了一大片，原始森林很

快被人砍光,河水也變淺了,露出一大片光瘠的河灘。面對那些礫石亂草,很難想像當初千家峒入口處的詭祕。然而如果暫時忘記這近幾年來對此地景觀的破壞,只沿著小溪進入山洞,再順著一條20多米長的隧道,蜿蜒前行,還多少能感受到一點當年武陵人入桃花源的情景:「山有小口,彷彿若有光⋯⋯從口入,初極狹,才通人,復行數十步豁然開朗,土地平曠,屋舍儼然,有良田美池桑竹之屬⋯⋯」隧道進出口的壁上還留有一些「大躍進」時寫下的標語,可見這是當時主要通道。

出了山洞便是下峒,地勢平坦廣闊,阡陌交通。我們沿大遠河前進,兩面高山逐漸合攏,地勢也較多起伏。到了上峒,便在高山的腳下了。據傳說,當年元兵從下峒攻入,瑤民只能翻過高山逃出。

上峒有一座叫做狗頭山的矮山,山上有一熔洞,洞內一熔岩極似石狗,相傳是盤瓠化身,故被遠近瑤民奉為始祖圖騰,前兩年遷居美國的瑤胞到大陸「尋根」,還特別要重返這個熔洞。我第一次訪千家峒時,正是大雨之後,山路泥濘,但仍請附近大宅暖村的瑤民前導,點火把入洞一探究竟。洞甚幽暗,卻頗寬敞,可容數十人。傳說中的那塊熔岩,頗像一隻坐臥著的狗,可惜當地權威人士認為仍不夠像,把它的頭部特意修鑿一番,結果不免弄真成假了。

看過千家峒再印證近年來我在華南所見的各種「峒」，覺得在交通不便的古老中國，類似桃花源那樣的地方是可能存在的。據湖南一作家羅子軍先生告訴我，在湖北西南部神農架中有一地方，四面高山，僅有一通道，但每年只在農曆六月間可以通行。他有一朋友近年去過，據說裡面住著兩萬人，竟不知道有文化大革命。陶淵明當年寫〈桃花源記〉，可能並非全憑想像，也許有些具體的傳聞做根據。

　　瑤族返千家峒運動是一個典型的人類史上所指的復振運動（Revitalization Movements）。這種運動在世界各地受迫害的民族中都相當普遍。在中國歷史上，瑤族這個運動與漢族的尋求桃花源樂園的夢想結合，所以有著特別的意義。上面說過的作家羅子軍先生與一瑤族作家王金梁先生聯合編寫了一本《千家峒傳奇》劇本。西安電影製片廠已決定把它拍成電影。我第二次訪千家峒時，他們正來勘察外景。有關人員還特地和我舉行了個座談會，但我對拍電影完全外行，只能祝福他們早日拍成！

1989 年 1 月

飄泊中的永恆

―瑤族對遠祖居地的思戀情結―

根據傳說,元成宗大德九年(1305 年)三月十九日,元兵攻入千家峒,峒內瑤民齊集在上峒越山逃出。逃出之前,他們

圖二十一、在湖南郴州盤王節中、一對當地瑤族男女、以舞蹈演述瑤族起源及遷徙經過

把平日供奉的神像埋藏在一山洞內，發願五百年後，子孫再回來相聚朝拜。他們把一個牛角切做十二節，由十二姓瑤族分別保存，等五百年後子孫重聚時再湊成一完整的牛角。1987年5月，我第一次訪問千家峒，聽到了這個傳說，便深為其內涵所感動。它悲壯地顯示了瑤族人民對故土的依戀，對現實生活的無奈，以及對後世子孫的期許。

1988年11月底，第二屆國際瑤族研究研討會在湖南郴州舉行。忝為國際瑤族研究協會創始人與首任會長，我率同一批法國、澳洲、泰國與日本的瑤族專家自香港前往參加。與兩年前在香港舉行的第一屆研討會比較，大陸學者對於瑤族的研究，無論在量與質上都有了明顯的進展。前文提到的以考訂千家峒故地以及研究女書出名的年輕學者宮哲兵，這次除了提出一篇內容極為充實的論文〈中國盤瑤的千家峒運動〉以外，還報告了一個相當驚人的發現。

在他鍥而不捨的尋找下，終於找到了一塊由鄧姓瑤族所保存的傳說中的牛角。他說在美國訪問時，又聽到美國的瑤族說盤姓所保存的一塊牛角，已在越南逃難時丟失在湄公河裡了。與會的另一位年輕學者李筱文（瑤族）則稱有一李姓瑤族也稱保存有一塊牛角，但要政府答允替他家鄉建水電站時，才肯出示。這樣一來，傳說中的十二塊牛角，四分之一已有了下落。這些牛角的真實性雖然仍待進一步確定，但它們的出現，至少引起人們對上述歷史傳說新的重視。

圖二十二、鄭姓瑤族所保存據傳係十二節牛角中的一節

　　一部瑤族史便是一部飄泊史,大部分歷史學者都認為瑤族源於長沙五陵蠻與五溪蠻,都在現湖南境內。由此向南向東在華南地區輾轉遷徙,稍後更越境到了越南、寮國與泰國等地,越南戰爭之後隨著難民又移居到了美、法等西方國家。誠然,這樣的飄泊無定,不但在游耕民族中,便是在很多漢人中也是常見的。然而,瑤族的獨特處在於雖不斷地飄泊,卻對傳說中或歷史上的遠祖居地有著宗教式的思戀,而這種思戀經無數代而不滅,是一種永恆的情結。

　　部分瑤族有所謂「過山榜」,是他們最神聖的典籍,榜上記載天地伊始、瑤族起源與遷徙歷史等。在瑤族最重要的祭祀——還盤王願中總有過九州這一項目,把他們祖先的飄泊經過,

象徵性地重演一遍。在傳統的歌舞節目中,總有一男一女邊歌邊舞地複述他們祖先遷徙的歷史。在瑤族葬儀中有項重要的儀式,便是由道士把死者魂靈送回傳說中的遠祖居地去。譬如廣東的八排瑤族便是把死者魂靈送回湖南道州。最具體而感人的自然是那迄今不衰的返回千家峒運動。上述宮哲兵的論文裡收集了很多有關這運動的例子,有的是個人的,有的是集體的,都是有血有肉、可歌可泣的。

譬如廣西荔浦縣趙德標一家三代尋訪千家峒的實例便很有代表性。他的祖父趙玉林根據祖傳的《千家峒源流記》手抄本,於1913年秋出發去找千家峒,不幸走到廣西與湖南交界的龍虎關時,被人打量,帶的現錢及衣服都被搶光,只好折返。1956年趙德標的父親趙如田繼承父志再出發去找千家峒,步行了兩千多里,經過了兩年時間,結果無功而返。1982年,趙德標自己兩次出去找千家峒,第二次他更破釜沉舟,變賣了全部家產,帶著全家五口,終於找到我在前文中所描述的湖南江永縣大遠鄉的千家峒。

瑤族這種對於遠祖居地永恆的思戀情結,既不同於吉普賽人的流浪思想,更不同於我們漢人那種「隨鄉入鄉」、「四海為家」,只等富貴發達才衣錦還鄉去誇耀的現實態度。如果勉強比較,倒有點像猶太人的復國運動。而瑤族與以色列都可能是比漢族更古老的民族。他們人數不多,卻能經歷無數滄桑劫

難而不被消滅同化。所以能如此,他們那種對遠祖居地永恆不變的思戀,也許是一個主要原因吧!

1989 年 2 月

女書

—在湖南江永縣發現的一種只流行於婦女間的古文字—

湖南省江永縣近年來在國際學術界頗有一些聲名，除了千家峒的認定外，另外一個原因便是「女書」的發現。

「女書」是流行於江永縣北部上江圩鄉及其鄰近地方，一種類似漢字的表意文字，由於這種文字只在婦女中通行，所以當地人叫它做「女書」。

江永縣文化館的周碩沂先生在50年代曾收集了不少以「女書」寫成的作品，而且寫了一些報告，但不久便被打成右派，所收集到的資料也隨之散失。到了1982年，以認定千家峒故址聞名的宮哲兵先生與周聯合，對「女書」做了一連串的考察，其他當地的學者也紛紛做了一些調查，初步成果都載在由宮哲兵主編，1986年出版的《婦女文字和瑤族千家峒》一書中。

我罷得名無憂慮賢弟一人妹一名
只日俍（我們）身是孤獨問娘憂焦幾樣愁
略將提言來相合看望三朝算禮情
晋本薄提意不盡請喜貴家鬧熱迻
拆開孫姊滿三日手取千般心不靜
問你一聲樂不樂時刻被驚雙派流

圖二十三、「女書」原文與漢字對照

圖二十四、湖南江永縣盤王節中瑤族表演的「女書」歌舞

由於這些學者的努力,「女書」終於引起中外學術界的重視,我的一位年輕同事便以「女書」的研究,作為他在耶魯大學攻讀人類學博士的論文。

50年代還有不少會「女書」的婦女,但現在能用女書創作的只有兩位老太太了。一位叫高銀先,現已84歲*,另一位叫義年華,82歲。

「女書」一般寫成成長菱形,不像漢字那樣成方形。筆畫的線條粗細一致,初看起來頗像甲骨或篆文。但仔細分析則會發現,約四分之一的「女書」與近代漢字在形義上都很相似,可見是仿照漢字而產生的。產生的年代,現在尚無法推斷,然

圖二十五、義年華在教授「女書」

而似乎不可能太早。

現已確定的「女書」單字約為 800 個，有的寫在紙上，有的寫在細布上，有的寫在扇面上。文體多用七言或五言長詩。

內容與功用方面，據宮、周兩人的調查，有的是作為祭祀時祝禱文用的，特別在當地的「婆王廟」祭奉婆王時，許多婦女將自己的願望以女書寫在紙或扇上，帶到廟裡唸誦後，供在婆王前；有的用來抄寫唱本，如《梁山伯與祝英台》、《賣花女》等；有的用來寫自傳；有的用做在結拜姊妹時寫結拜書，但最常用的還是婦女間的書信往來。

圖二十六、義年華所住的桐口村（1987）

　　由於婦女們都喜歡在死後將自己創作、抄寫，或別的姊妹贈送的女書隨葬，所以流傳下來的古本女書作品極少見，現在收集到的都是近代作品。

　　關於「女書」的起源有種種傳說，最流行的說法是，江永上江圩的荊田村，古時有一美女被選進宮去做妃子，由於不耐深宮的清冷寂寞，寫信向家鄉人訴苦，於是創制了女書。她教家鄉人把她的信斜著看，而且用當地的土語讀出便可以懂了。這個傳說，像其他很多民間傳說一樣，是一個淒美的故事，卻不太可能是一個史實。由於江永一帶原為古瑤族聚居的地方，

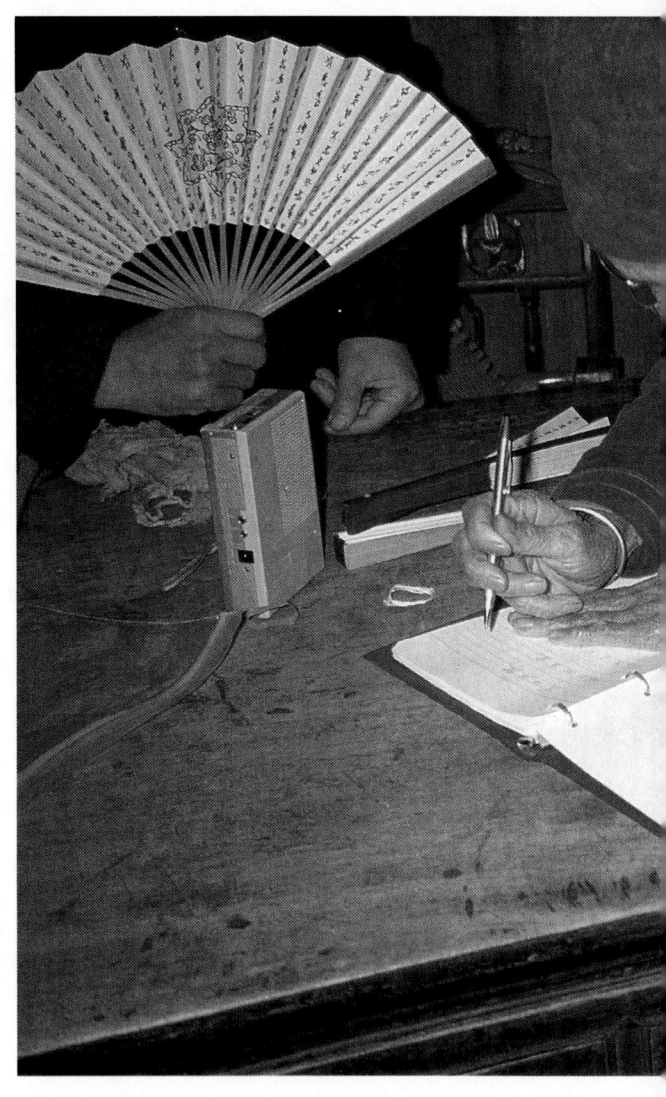

圖二十七、高銀先在筆者記事本上寫「女書」、背景是她所書寫的扇面（1987）

女書 85

所以有些學者認為,「女書」是中國古代南方少數民族使用的一種文字。

1987年5月,我首訪千家峒,順道探訪了住在圩上鄉桐口村的義年華。去時,她正在教一些年輕婦女「女書」。她自稱原來有七位結拜姊妹,常互相用「女書」來通信,但現在卻只剩下她與高銀先了。

桐口村及其附近的幾個村子的居民都姓義,拜盤王,有盤王廟。據一族長稱,他們的祖先原姓任,住在千家峒。逃出千家峒後,改過幾次姓,最後才改姓義,他們希望政府能承認他們是瑤族,並且讓他們回千家峒去居住。

半年之後,我又去探訪了住在圩上鄉桐尾村的高銀先。高纏足,否認自己是瑤族,可見把「女書」看做是瑤族古代文字的說法是不可靠了。我想比較合理的一種解釋是,「女書」是婦女在秘密結社中發展出來的一種保密的通訊系統。

在傳統中國,江永一帶的姊妹會極為流行。這種以結拜形式組成的小型團體,主要的功用是讓婦女們在男權社會中所受的不平與痛苦,有一個互相傾訴、互相慰藉的機會,同時多少可以起一點互相保護的作用。

為了不讓男子們看到她們的訴怨，所以逐漸發展出一種特別的文字出來。這種文字，由於筆畫線條的粗細一致，而且是斜體，所以容易刺繡在布上做裝飾品欣賞，對於婦女們，這是一個重要的附帶作用。如果這種解釋能得到證實的話，「女書」在世界婦女運動史上，該是一項非常突出的事物了。

1989 年 6 月

註：高銀先女士已於 1990 年 1 月逝世。

火狗舞

―廣東龍門縣藍田瑤族的中秋祭典―

　　1987年元月20日,廣東省龍門縣藍田瑤族自治鄉正式成立,我應邀去參加成立慶典。藍田在香港正北約150公里的地方,是現在所知道距離香港最近的瑤族居住區了。19日下午2

圖二十八、藍田瑤族火狗舞

時，我從香港中文大學的車站乘火車去深圳，出了深圳便看見來接的上海牌轎車已在等候了。我坐車北上，先略偏東行，經惠陽入博羅縣逐漸偏西行。本來說車程是 3 小時，但因龍門縣內那一段 30 多公里的路程還是土路，所以足足走了 4 個小時，到達龍門縣招待所時已是「掌燈」時分了。所以用「掌燈」二個字，主要是因為那招待所敞開的大門以及建築物內昏暗的燈光，使我猛然想起童年逃難時，坐著騾馬大車於薄暮時分進入客棧的情景。這點懷舊的情緒，使我對這所略顯殘破的招待所感到分外親切。

圖二十九、藍田鄉瑤族半穴居遺址之一、上坐者為該鄉鄉長

藍田鄉有瑤族六千多人，語言上除了保留一些壯侗族語的基本語彙外，已經漢化，只使用當地漢人的方言——廣州話，因而一時還不能確定他們究竟是瑤族的哪一支。另一方面在服飾與風俗習慣上卻還保留不少特色。藍田所以得名主要是由於原來當地盛產藍靛，男女所著衣料，傳統上都用當地種植的苧麻與棉花自己織成，再以藍靛染成深藍色。男著大袖右衽長衫，下穿長褲加綁腿，女著大衫、裙或長褲，頭包巾帕，現在衣料雖然向外購入，但女子的服飾不少仍保留傳統的形式，風俗習慣方面保留的傳統特色也不少，特別出名的便是那一年一度的「火狗舞」。

圖三十、藍田瑤族婦女

藍田瑤族一般都認為他們的祖先在明朝以前便從粵北遷徙到此，詳細經過現在還無法確定。據說一直到一百年前，他們還住在窰洞裡，所以當地的漢人過去都叫他們「山窰仔」。窰洞大致有兩種，一種是建在丘陵坡壁上，呈半橢圓形，高及人身，可住三到五人。這類窰洞據說已發現了兩百多座，我去一處看過，比起我自己小時候逃難至陝北住過的窰洞要矮小很多。另外一種是半穴居，就是從地面向下挖約及肩高，上面覆蓋樹枝茅草，這種半穴居發現了多處。但現在的住房都是磚瓦屋與漢人無異，只是有些村落，房屋相連接，前後數層，形成一個半圓形的圍，圍前有一池塘也是半圓形，與圍合起來正是一個圓形，這與一般客家人的方形圍村迥然不同。

成立慶典在元月20日上午假藍田鄉民族小學內舉行，我們8點多鐘到達會場，只見幾個人忙著在裝試擴音器，群眾來得很零落，過了一個鐘頭才見他們緩緩進入會場。大會在10點開始，省、市、縣各級「領導」順序講了話。這時正逢大陸在開展「反資產階級自由化」運動，所以每個人在講話中都加入了一些「反資產階級自由化」的口號。面對台下大批穿著傳統節日盛裝的瑤族同胞，看著他們的惘然的表情，我不免為我們漢族政客們所導演出來的這場滑稽戲，感到歉疚和難為情起來。不等大會結束，便離開會場去參觀圍村及窰洞遺址。下午3點離開龍門，匆忙趕返香港，離去之前，跟當地人約好中秋節時再來觀看「火狗舞」。

同年 10 月 5 日我在福建省惠安鄉參加完了「崇武古城創建六百周年學術討論會」，承惠安縣政府以專車送往藍田，趕去觀看當地瑤族的「火狗舞」。在路上走了兩天，中間在汕頭過了一夜，10 月 6 日下午 7 時許才到了龍門縣招待所，第二天便是中秋節，當地瑤族叫做「團圓節」。

每年陰曆八月十五日，藍田瑤族都有盛大的慶祝活動，其中最重要的一項便是舞火狗。不像許多其他地方的瑤族，藍田瑤族並不認為龍犬盤瓠是他們的始祖，然而也有與狗有關的傳說。根據傳說，遠古時候他們崇拜的主要對象峒主，年幼喪母，父親用母狗的奶把他養大，後人感念母狗恩德，舞火狗以志之。舞火狗以自然村為單位，每年八月十五全村未婚的女青年都上山割藤條與摘黃薑葉，每家都準備大批香枝，然後把送些東西都集中到村中廣場上。吃飯後，村中少女集中在廣場，由中年婦女代為裝束，把她們的手臂、腰、腿都用藤條捆上黃薑葉，然後在上面插滿點燃著的香枝，少女們都頭戴斗笠，上面也插滿香枝。

裝束完畢，少女們排成一列，先向置於廣場中間的峒主爺及祖先牌位祭拜，然後繞著廣場做 S 形移動。我在楊屋圍觀看的那隊，在廣場上按 S 字形移動時由小而大，反覆了五次，便走出村外，走到楊屋河畔，把身上的黃薑葉、竹笠、香枝都除

了丟在河裡，並用河水濯洗手腳，有除邪的意義。河水甚淺，可涉水過對岸，據說對面已聚集了很多他村的男青年，等著對歌，可惜當晚陰暗，無法看清對岸，只見有不少電筒閃動。陪著少女們來的中年婦女們先開始唱，引導男女青年逐漸對唱，先是集體唱，然後個別對唱，唱到情投意合，便相偕離去。按傳統規定，一個少女必須參加三次火狗舞以後才算成年，才可以結婚。那天晚上，青年們還沒有開始唱，我便被司機催著回到龍門縣招待所去。第二天在藍田鄉訪問了兩個自然村後，便回香港去了。

1989 年 3 月

廢墟中的生命

―訪粵北瑤族的火燒排舊址―

　　廣東省連南縣瑤族自治縣內的八排瑤,是我與香港中文大學人類學系同仁偕同學生,所調查的第一個中國大陸的少數民族。這支瑤族,據文獻記載,至遲在唐代便已在這裡居住了,人口的發展到明代為極盛。他們依山建築,大的叫排,小的叫沖,傳統上,他們有八排廿四沖,所以稱為八排瑤,簡稱排瑤。目前人口共約 6 萬,主要分佈在連南。

　　我們第一次去調查是在 1984 年夏天,其後每年寒暑假都有人去,我自己先後去過四次。記得在第一次調查時從連南縣城三江鎮首次往訪南崗排,沿途群山萬壑,莽莽蒼蒼,真如在國畫中行走。

　　我們在公路的最高點停下,由當地人指出原來八排所在地,每排各占一山頭,在峰頂下斜坡建寨,排與排相隔數里至十數

圖三十一、連南油嶺排排瑤耍歌堂儀式中的「先生公」

廢墟中的生命

圖三十二、排瑤一小學的上課情形

里不等,可以發銃炮吹牛角來互相呼應。1958 年後,大部分人口都遷到平地,只有南崗、油嶺、大掌等少數老排仍有不少人住著,不肯搬下來,或者搬到平地後不適應,又搬了回去。

我們漢人,大都有一錯覺,以為少數民族如瑤族或台灣高山族是被我們趕上山去的。事實可能正好相反,他們是被我們從山上趕下來的。趕下來的原因表面上是改善他們的生活,骨子裡是怕他們在山上造反。

1958 年有過一次以軍寮排為首的大規模反抗動亂,亂平之後便逐漸把他們遷移到平地來。然而瑤族傳統上是山居民族,他們的「過山榜」說得很清楚:「盤古子孫,拔座青山陡嶺,

圖三十三、在大坪村宮代自然村的小學教室前訪問一位「先生公」

牽牛不上,打馬不行,百鳥飛不過,居住瑤人,安生樂業。」他們對山區的動植物、自然環境,積累了極為豐富的知識。搬下山來住實在浪費了他們這種寶貴的知識才能,而且使本來已擁擠的平地更形擠迫起來。合理的政策應該是鼓勵他們留在山地,但設法改善山區的交通、水電、教育與醫療設施。

　　八排之中,除了橫坑與馬箭以外,我都去過,但真正做過調查的只有軍寮與火燒兩排,其中尤以火燒排調查得較為詳細。火燒排現在已是一個歷史名字,自從遷到平地後便改名叫大坪。人民公社時期叫做大坪大隊,公社取消之後叫做大坪鄉,現在則叫大坪村,與軍寮等同屬大坪鄉管轄。

圖三十四、火燒排廢墟中的一部分（1986）

廢墟中的生命

大坪村面積很大,共有 18 個自然村,據 1985 年的統計有 644 戶,2831 人。我們住在大坪鄉公所裡,去附近的自然村,毋需 10 分鐘,但去較遠的則要走上一個多鐘頭。原來的火燒排據說已是一片廢墟,沒有人居住。但我們要了解一下原來聚落的形式,所以仍舊準備爬上去一探究竟。

在熱心協助我們調查、為我做嚮導與翻譯的當地人士中,有一位是連南民族事務委員會的幹部房志榮先生。他是大坪瑤族,在火燒排出生長大,於 50 年代,在北京中央民族學院畢業,他的不少同學都早已做了高幹,他卻因不擅鑽營,始終是個縣級幹部。

圖三十五、廢墟中的生命

以他的學歷，在大陸可以說是高級知識分子了。但高等教育並沒有沖淡他的鄉土情味。他對家鄉事物風俗，如數家珍。他能背瑤經、唱瑤歌。有一次在作訪問時，碰見他一位30多年未見的年輕時的戀人，兩人都傷感地對起歌來。後來我問他唱了些什麼。他說彼此都覺得能平安相見便很難得了。他聽說我們想上火燒排，便堅持要親自帶我們去。

1986年6月13日早上，吃完早飯後，房志榮帶著我、一位英籍同事與7位學生一齊出發往火燒排去。南崗、油嶺與大掌三個老排，我都曾爬上去過，爬起來都非常吃力。原來瑤區的山路與漢區不同，後者往往在直爬一段之後，有一小段平路可走，讓人喘口氣；但瑤區的山路卻是直上直下，所以特別費力。然而去火燒排的路卻相當平緩，爬起來並不太累，只是前夜下了雨，路不免濘滑，鞋襪都全濕了。

走了將近一小時，先見一排聳入雲端的山峰，峰下一大片梯田，梯田中散佈著不少青磚蓋的房子，房先生說這就是了。他先帶我們向右爬上一個小高台，說這便是舊的「大廟」所在，原來每個老排都有一「大廟」，供奉多種木雕的神像，但都在1958年的「雙改」（土地改革與社會改革）運動中被燒燬剷平了。

火燒排例外地有兩個大廟，一個屬於唐姓，一個屬於房姓。我們所在原來是唐姓大廟的舊址，是較大的一個。這個廟，排裡人過去都習稱「豬屎廟」，大約是因為附近多豬糞的關係。房先生站在這兒娓娓向我們講述當時一年一度在這裡舉行盛大祭祀——「耍歌堂」的盛況。我縱目四顧卻只見矮樹與野草，找不到任何可以印證他所說的遺跡。

我們下了高台，向那些房子走去，不少房子都已倒塌了，沒有塌的，裡面也都長滿了野草，但僅從那斷壁殘垣看來，原來用的磚瓦的質地都不錯，可見當時這排是相當富裕的。

我們正走著，卻看到前面一座房子裡跳出一個人來。那人赤裸著上半身，只穿著一條短褲，看了我們一下，又退進房去。我們走了過去，見他坐在門口，抽他的長煙斗。仔細再看他，見他面貌相當清秀，皮膚也很白皙，只是頭髮蓬捲，身上臉上沾了很多煤灰。他不會說漢語，透過房先生的翻譯，卻發現他原來是漢人，他的生父姓關，在國民黨時期，當過廣東連縣東陂區的區長，共產黨來了，便被殺了。他有個姊姊逃去香港，他那時年紀很小，被火燒排的一個唐姓瑤族收養，在瑤族中長大，所以不會說漢語，後來娶的妻子自然也是瑤族。然而「文革」的時候，卻因為他生父的身分被人狠狠地鬥了一番，鬥得他得了精神病，他的妻子也離開了他。

現在他只是從山上撿些木材回來，製成瑤族人死後停屍用的椅子去賣，他也不知道該賣多少錢，只任買的人隨便給。她聽說我們是從香港來的，便托我們代為尋找他的姊姊。原來「文革」之後，他的姊姊曾回去過，也找到了他，還給了他一些錢，但後來卻失去了聯絡。他親筆把他姊姊的地址寫在我的筆記本上，字體相當端正。只是那地址只說是秀茂坪某號，沒有街道名。我回到香港後，托了一位在秀茂坪區做牧師的遠親去找，找了許久，也沒有找著。

我們再往前行，發現前面下方又有一處人家。房子的右前方，還有一片菜園。我們走入那房子去，一進門便見在屋簷伸出部分有兩具棺材，重疊放著，上面佈滿了塵土。再進入中庭，見到一對老夫婦坐在那裡，年紀都在70上下。他們說因為在山上住慣了，不肯搬下去。現在自己種點菜，山下的兩個兒子，輪流定期送米、肉以及日用品上來，棺材老早就買好了，墳地也選定了，就在附近。他們死後，便可就近埋了。聽著他們平靜地說這些安排，我忽然想起陶淵明的〈輓歌詩〉來，曠達如陶公，想起「四面無人居，高墳正嶕嶢……幽室一已閉，千年不復朝」，還是覺著有些淒涼無奈，只能以「死去何所道，托體同山阿」來寬解。這對老夫婦，卻在活著的時候便早已閉居幽室，托體同山，生與死對於他們，是多麼自然的連貫啊！

辭別了那對老夫婦後,我們便選了另一條路下山,繞道回去,中間經過了好幾個自然村,才回到我們居住的大坪鄉公所來。

1989 年 5 月

排瑤的婦女

分布在廣東省連南縣，有著近6萬人口的排瑤，像漢族一樣是父系社會。作為人類歷史上最大父系社會——中國漢族——的成員，我總以為男尊女卑是無可避免的現象。然而排瑤卻能一面堅守父系原則，一面使男女平等的原則呈現在社會生活的各方面，因而為父系社會提供了一個與漢族社會強烈的對比。

從1984年夏天起，我一共去這族做了四次短期調查，而一次比一次深刻地感受到排瑤婦女比起一般漢族的婦女來更為獨立、自主，而且在生活每一方面都盡量尋求男女平等。

男女平等的原則首先象徵性地表現在婚禮中。結婚當日，新娘由新郎及兩方親戚陪同，從娘家步行去新郎家時，必須腳著草鞋，手持一把傘，傘必半開，內掛剪刀和尺各一把，表示她出嫁之後不是靠丈夫養活，不是待在家裡享福，而是要從事勞動，自食其力。她所帶去的嫁妝，也顯示出同樣精神。嫁妝除衣服、日用品外，一定要有農具。如娘家田多，也可分一些

圖三十六、排瑤婦女在縫紉

圖三十七、排瑤婦女盛裝

圖三十八、排瑤男子往山中打獵

圖三十九、排瑤婦女帶著小孩在耕作

給她耕種,數年後再收回,這叫做嫁妝田。這些都表明新娘是作為一個生產的合夥者,而不是以一個靠人養活的家屬來到新郎家中的。

根據大坪村排瑤的習俗,新娘著草鞋去新郎家時,必須倒著穿,即鞋尖朝後,這是祝願新娘早日回來。這種祝願與漢族人嫁女時的祝願正好相反,漢族有句俗語:「嫁出去的女兒,潑出去的水。」而有些地方確實在新娘出門時,潑一盆水在地上,表示女兒嫁到夫家後,一切聽從夫家管束,不再是娘家的人了。排瑤的新婚夫婦,尤其是建立起自己的小家庭後,婦女確是經常回娘家探望父母,往往多於探望公婆。特別具有象徵意義的一點是,新婚夫婦的第一個春節,雙方必須在女方的父

圖四十、排瑤男子帶小孩在耕作（1986）

母家度過。初一清晨，新婚夫婦先到女方娘家。到後，新郎跪拜女方祖先，然後會見女方親戚，每人並贈予兩塊豬肉，新娘卻出去找她昔日的情人對歌。我的一些報導人說，婦女只有在婚後的第一年春節才有此自由，而男子則每年過年時都有。但據一些文獻記載，已婚或未婚的婦女，每年正月初一、初二、初三，都可享有此自由，這種活動俗稱「放牛出欄」。不過有些瑤族指出「放牛出欄」實在是漢族亂加給他們的稱謂。

對於夫妻雙方父母及親戚的同等尊重是男女平等的另一種表示。除了上述對雙方父母同樣頻繁的探訪外，還表現在新婚過程中。婚禮第二天，新郎的親戚集中其家由新郎的母親介紹給新娘。新娘則一一敬茶，先敬新郎之父再及其他親戚，受茶

者給新娘一個裝有錢的紅包。我認為敬茶係自漢人學來的。因為漢人也有此習慣。排瑤雖稱之為敬茶，實際上敬的多半是酒。在漢族人家中，只有新娘向新郎父母及近親敬茶，但在排瑤社會中，則新郎也須行敬茶之禮，婚後第三天，新郎陪伴新娘回娘家，新郎向岳父母及近親敬茶，後者也同樣給新郎紅包。

排瑤盛行小家庭制，這是一個有利於維持男女平等的因素。排瑤婚禮一般都在農曆十月十六日耍歌堂之後、春節前舉行。婚後，新婚夫婦與新郎的父母一同居住，同時新郎的父親開始為新婚夫婦另行籌建新屋，待下一次耍歌堂之後、春節前便讓他們遷入新居，組織小家庭。從所收集到的統計看來，所有排瑤的村子小家庭都占絕大多數。

分工的情況是男女是否平等的最好測試。在我四次調查中，我曾就分工問題詢問過不少對瑤族夫妻，結果大致相同：在生產方面，耕田、砍樹等需要重大體力的工作主要由男子擔任，其他的都由男女共同參與，只是播種主要是男的工作，拔苗則由女的擔任，這也許有象徵的意義。在家務方面，除了縫紉與拾柴兩項外，其他如做飯、洗衣、看小孩，一切都是由夫婦分擔。縫紉如在大多數社會裡一樣是婦女的工作，但排瑤把拾柴也當做全屬女性的工作。據說，若要知某家的媳婦是否勤勞與能幹，只要看她屋外堆的柴的多少與排列得是否整齊便分曉了。

男女的離婚權利是否平等是兩性平等的另一個重要標誌。在傳統的漢族社會裡，婦女至少從宋代（960年至1287年）起，即被剝奪了離婚的權利。另一方面，男方可以有七種理由休棄妻子（即有所謂「七出」）的權利。但在排瑤社會中男女有同等尋求離婚的權利，一般離婚的程序都是由雙方各派一代表（通常是本人的父親或兄弟），再會同一中間人共攜一桶酒到大路上，邊飲邊談有關財產分配、子女撫養等事項。談妥之後，雙方代表向不同方向離去，表示從此夫妻各走各的路。離婚後，女方可取回嫁妝，並分得一部分農作物。所生子女雙方各領半數，如只有一個小孩而雙方都爭取撫養，則歸於離婚中被動一方。近年，絕育手術逐漸推廣，已行絕育手術者在離婚中可獲得子女撫養的優先權。

1949年以後，在漢族社會中，婦女的地位比以前提高了。但另一方面，由於漢族幹部大量被派到基層，即使是瑤族幹部在觀念上也受到漢族的影響很深，因而在執行政府法令、審理調解家庭問題時，不自覺地引進了漢族傳統中男尊女卑的觀念，因而排瑤婦女的地位反而有下降的趨勢。

1989年8月

坳瑤的婚姻制度

廣西東部的大瑤山舊稱大藤峽，是瑤族的一個主要聚居區。由於這裡地勢險峻，費孝通先生的夫人王同惠女士又為拯救誤陷虎阱的費先生而在這裡殉難，人們對之總免不掉有一種詭異險惡的感覺。1987年5月9日，我與一位法國同行，在湖南江永縣訪問完千家峒後，便與該縣民族事務委員會楊仁里主任及

圖四十一、羅運村冬日一景

圖四十二、坳瑤少女

廣東民族研究所劉耀荃所長一齊乘車直往大瑤山的中心——金秀縣城去。我們在早飯後出發，中午乘渡輪過了灘江，在荔浦午餐，這裡顯然是靠近瑤區的一個大城，有不少瑤人到這裡來買賣貨物。從荔浦再向西南行不久，進入金秀瑤族自治縣後，便是大瑤山的範圍了，路也變斜陡起來。5月是這裡的雨季，我們一入山，天便下起雨來，好在最近有條新的入山路修成，所以雖在雨中，車行仍甚平穩。從車中望出去，可以看到不少瑤寨，有的築在山坡上，有的建在峽谷裡。

原來住在大瑤山的瑤族共有五種，分別是茶山、花藍、坳、盤和山子瑤。前三種瑤因為傳統上男女都留髮不剃，而盤在頭

圖四十三、坳瑤老婦

頂做椎髻,所以合稱「長毛瑤」。又因他們是早期來的,占有山場、水田和河流,所以又稱「山主」。後兩種瑤是較晚來的,合稱「過山瑤」,因為須向前三種瑤租地納租,所以又稱「山丁」。1949年以後,主丁關係自然不存在了,但在經濟上,前三種瑤一般仍好過後二種。

下午4點半我們到了金秀縣城,在當地中國旅行社招待所裡住下來,同時去拜訪縣府。在縣府遇到了黨史辦公室的李文柱副主任,李係盤瑤,50開外,大半生在大瑤山度過,對這裡的生態環境及民族情況真是如數家珍。他帶我們訪問縣城裡的茶山瑤社區以及縣城附近的山子瑤及盤瑤的寨子,沿途娓娓解

圖四十四、坳瑤「現代化」的家庭

說各瑤族的情況,其中最吸引我的便是坳瑤的婚姻制度,所以第二天下午,我們離開大瑤山前,我便和他約定半年後再來,與他一起去訪坳瑤。

坳瑤是瑤族中很小的一支,據 1982 年的統計只有 1,685 人,主要分布在大瑤山的西南部,也即金秀瑤族自治縣南部的羅香、六巷與大樟三鄉。1987 年 12 月 8 日在羅耀荃與李文柱兩位先生帶同下,我訪問了羅香鄉羅運村,這是目前坳瑤最大的集中地。我們在羅運村的羅運屯住了兩天,針對坳瑤的婚姻做了一些訪問。

坳瑤與漢族在婚後居住的方式上有一根本的差別,後者是

圖四十五、坳瑤盤美仁與羅達光及兩人的子孫

從父居的,前者卻是可從父居,也可從母居,實際上大約是各占一半。然而傳統的,至少是1949年前的坳瑤的婚姻制度有三點顯然受到漢族大傳統的影響:(1)未婚生子要受到石牌法的嚴重處罰;(2)父母之命、媒妁之言;(3)極低的離婚率,這與很多其他傳統瑤族社會不同。第一點與第二點有一定的關聯。本來坳瑤對於婚前性行為並不禁止。未婚生子要受到處罰是接受了漢族大傳統的道德觀念,為了避免受罰,所以女兒一到青春期,父母便急著為她找一丈夫。正式結婚之後,即使跟丈夫以外的人有性關係,生下了孩子,也毋須受罰的。由於這主要是坳瑤對應漢族有關婚姻規範的辦法,所以找到的丈夫往往比妻子小很多。但在另一方面,坳瑤並沒有放棄追求個人在兩性關係上幸福的權利,於是他們想出了一套理論和制度,把

圖四十六、複雜的坳瑤婚姻關係：右立男子為中立婦女以前的情夫與現在的丈夫、左立婦女則為中立婦女前夫的情婦

在漢族以及很多自認是「文明」的社會中非法及受到禁止的所謂婚外情合法化與制度化。坳瑤這麼做的理論根據是他們的一句名言：「同睡唔同食」，是說一同睡覺的人不一同吃飯。孔子說「食色性也」，他們自然也承認這點，但卻把性與食清楚楚地分成兩碼事。一個人可以與他的正式配偶一齊工作，一起飲食，但在適當時候卻各自找一性生活的伴侶。

這種婚姻可以有兩種形式，現在用兩個具體的例子來說明：

1. 盤美仁（人名虛構，下同）的例：

盤美仁，女，60歲。14歲由父母作主嫁給僅8歲的盤文明。

18歲時在村中私塾讀書認識了同年的羅達光。達光來自鄰近的白牛村，母係坳瑤，父則為漢人。兩人相戀後，美仁便邀達光到其夫家跟她一齊住在大門內一耳房中，日間則幫夫家工作，唯達光每隔一月仍回自己父母家幫工，兩邊輪流住。到他30歲時與羅運的盤美年結為正式夫妻，唯美年結婚時已有情夫，所以兩人未同居過，只是達光從此在美仁與美年家輪流幫工，不再回其父母家。文明於20多歲時出外做工到30多歲才回來，回來以後便認識了比他小一歲的盤秀麗並實行同居。3年前，文明先去世，接著美年也死了，美仁與達光才完全「同食」與「同睡」起來。美仁與文明有一子，已婚，現與文明的母親住在一起。與達光有兩子兩女，皆已婚都住在他們附近。

2. 盤美清的例：

盤美清，女，70歲。美清也是在14歲時由父母作主嫁予比她大一歲的盤文正。由於兩人年齡相近，婚後即同房，共生一女二子。文正40歲時，找到比他小10的盤美果做情婦。美清自稱她知道之後並不生氣。兩年後，她自己找到了比她小7歲的盤阿康做情夫。從此美清與文正只是「同食」，而各人有自己的「同睡」伴侶。晚飯後，文正去美果家，阿康則來美清處。文正與阿康常相幫工，美清與美果有時也互相幫助，唯都是通過文正安排，據美清稱，有時文正從山中獵得好野味歸來便叫

了阿康與美果來一齊共享。美清與文正所生子女與他們一起食住，與阿康也生一子，在 10 歲前也與她一起食住，10 歲後就搬去與阿康同住。

坳瑤這種婚俗早已隨著大陸的社會改革被改掉了。現在到坳瑤的村中去訪問，村人並不諱言他們過去實行過上述的婚俗，但都強調這是舊社會的事了。只有 60 歲以上的人有過那種經驗。

然而我訪問過一對同住的母女，母親 70 歲，女兒 50 歲，都喪失了丈夫，卻有一位 40 歲的男子與她們同住，顯然是女兒的夥伴。她們介紹這人時顯得很大方自然，鄰居對之也沒有什麼議論，可見那「同睡不同食」的遺風，並沒有完全在坳瑤社會中消失。

1989 年 10 月

飄遙過海

一部瑤族史便是一部飄泊史。瑤族有不少文獻記載他們飄泊的歷史，其中有關古代的與集體的，有〈評皇卷牒〉或稱〈盤王卷牒〉，一般通俗的稱呼則是〈過山榜〉；有關近代的及個人的則有所謂〈信歌〉。這些文獻都是用漢文寫的，雖略嫌粗俗，卻自有一種不加矯飾的蒼涼悲壯韻味。回想起來，這種韻味正是當初吸引我做瑤族研究的原因之一。

大部分瑤族都崇奉始祖盤瓠或盤古，兩者本來不是一回事，但後來卻混淆了。一篇稱做〈聖牒榜文〉的〈過山榜〉說：

當初盤古立天地　　原有本牒永流傳
天下遠遠瑤孫媳　　逃荒過州縣府元
……
逃荒過州飢餓肚　　逢山吃山無人攔
逢水吃水無人問
……

圖四十七、圖魯斯市政府以酒會款待研討會來賓及當地瑤族人士。圖為盛裝的當地瑤族婦女與市長（中）合影、右二為筆者

瑤族是刀耕火種的游耕民族。由於這種生產方式再加以歷代漢人官府的迫害,所以他們要不斷地遷徙。所遷之處俱是深山峻嶺,漢人不到的地方。如一篇題做〈榜牒文〉的〈過山榜〉說：

> 如有高山厚嶺,日聽禽鳥,夜聽餓鬼之聲,泥岩石壁,狐狸出沒之處,名為瑤地。先居住無人說著,自耕自種,係瑤人為業,不與民人（即漢人）同居。

猶憶 1984 年首訪廣東連南八排瑤的高崗排,途中當地人指出原來八排瑤分布的山頭,以及 1987 年訪問廣西大瑤山時聽見

瑤寨分布情況，雖已都開闢有公路，卻仍能於群山萬壑中感到當年的蠻荒孤寂，多少印證了〈過山榜〉的描述。

瑤族非常崇尚自主與平等，人數雖少（據1982年的統計為140萬），卻能一直不為漢人所屈。如〈評皇卷牒〉稱：

> 遷徙外出擇山，途中逢人不作揖，過渡不開錢，見官不下跪，耕種不納稅。

瑤族遷居的地方雖為山嶺，但在其〈過山榜〉中都有不少「飄遙過海」或「飄湖過海」的傳說。如〈聖牒榜文〉稱在明朝寅卯二年（？）：

> 天下大旱三年，官倉無米，河水深渾無魚……人民荒亂，咬吃萬物，君吃君，民吃民。又十二姓瑤民子孫，思頭無計，邀集飄湖過海一千里路途。

這裡所說的湖及海，一般歷史學者都認為指的是洞庭湖。但另一文獻〈過山黃榜〉卻指瑤人在明洪武時曾逃於「南洋」：

> 又到明朝洪武登基，……要圖謀殺害瑤人，（瑤人）素來本分，得知朝廷起意不良，不敢爭強打鬥，趕緊到處通知各姓瑤人退出中原，投到南洋海外八百里鄉……

圖四十八、圖魯斯市當地瑤族男士在為研討會設置的晚會上

這裡所謂「南洋海外八百里鄉」可能指兩廣雲貴地區，也可能是指中南半島，目前還很難確定。但明朝之後，瑤族確是逐漸向越南等國遷徙了，這從他們的〈信歌〉及〈家先單〉（系譜）可知。

越南戰爭結束後，這些移居東南亞的瑤族便又隨著難民移向歐洲及美國。目前居住在美國的瑤族有兩萬多人，主要集居在加州灣區及奧立崗波特蘭（Portland）市一帶。在歐洲的瑤族則集中在法國南部，有近一千人。

國際瑤族研究協會及香港中文大學人類學系等組織聯合舉辦的「第三屆國際瑤族研究研討會」，於1990年6月底在法國

南部圖魯斯（Toulouse）市舉行。我在6月25日清晨飛到巴黎，會合了從中國大陸、台灣、泰國、美國以及法國當地的學者一齊於午飯後乘一旅遊汽車開往圖魯斯市，下午2點啟程，一直到清晨2時才到。

6月26日起，開始在圖魯斯市的社會科學院內舉行研討會，前來參加的除了各國學者外，居住在法國各地的瑤族不少都盛裝而來。在法國的瑤族大部分屬於所謂「紅頭瑤」，這是漢人對他們的稱呼，他們自稱為「黑龍孟」。原住在雲南省南部的猛臘縣，二次大戰後遷往寮國，共產黨取得寮國政權後，又逃往泰國，1979年以難民身份遷居法國，主要集中在圖魯斯市一帶，大都在附近的工廠做工。

6月30日，研討會的最後一天，當地瑤族借了圖魯斯市郊外一間學校的體育館，舉行了一個盛大的晚會歡迎參加研討會的學者。當天下午兩點多鐘，居住在當地的近百瑤族男女扶老攜幼齊集在體育館裡面，而且準備了大批傳統的瑤族食物。我們來到時，他們先列隊在入口處舉行傳統的迎賓儀式，待我們入內坐定後，便把食物端上，計有炸豬肉、炸雞、炒米粉、白飯等，接著便是致歡迎詞，表演歌舞及團體共舞。

參加吃飯的瑤族男女一律穿著傳統服飾：男的著黑衫褲，

紅頭巾；女的著黑衫裙，銀頭飾，紅頸圍，上身掛滿銀器。表演歌舞時，男女分列兩行，舒緩優美的手勢與舞蹈伴著悠揚的音樂展開。據說這些衣服與銀器的材料都是特地從泰國運來，再在當地加工而成，都比我在中國大陸所見的講究。就以銀器來說，在中國大陸所見的不少是用鉛做代用品，這裡都是純銀的，音樂與舞蹈似乎也比我在中國大陸所聞所見的典雅。

法國的紅頭瑤屬於瑤族中最大一支的過山瑤。上述「飄遙過海」的傳說在他們中最為盛行。我一面陶醉於他們歌舞的優雅，一面卻想像這支民族如何於千餘年中，自華中而華南而東南亞，由亞洲而歐洲，輾轉遷徙數萬里。然而他們卻能始終保持民族、語言與文化的特色，終於將這些特色在一個遙遠而完全陌生的國度裡植根生長，這是多麼動人的一篇史詩啊。

滇南行

從小便聽人們說，昆明四季如春，氣候是如何如何的好，然而1985年仲夏我第一次到昆明，卻對那裡的氣候非常失望，煙霧很重，整日灰濛濛地，而且我在那裡的5天中，幾乎天天下午有雨。昆明的老居民都說昆明的氣候越來越壞了，原因是1958年雲南的一位書記響應中央「以糧為綱」的號召，動員大批人力把滇池填平了近1/3，從此登大觀樓再不見「五百里滇地，奔來眼底」的氣勢，昆明的氣候也不再那麼宜人，加以近年昆明的四郊蓋了不少工廠，污染嚴重，氣候更大不如前了。1989年11月5日，我第二次到昆明卻有不同的感受，那天的確是秋高氣爽，風清日麗，昆明的嫵媚，也許還不曾被斲喪殆盡吧。

這次來雲南主要是參加雲南民族學會、國際瑤族研究協會以及香港中文大學人類學系聯合主辦的「瑤族傳統與現代化國際研討會」，有125人參加，會議的地點原定在紅河哈尼族彝族自治州的河口瑤族自治縣縣城舉行，同時參觀那裡的盤王節，然而那地方在中越邊境上，邊防軍反對，只得改在自治州的首

圖四十九、滇南乍甸鎮木沙寨的花苗

府箇舊市舉行。從外省來的與我們這批從海外來的參加者都在昆明集齊,於 11 月 7 日坐了部旅遊車,由昆明開了一天開到箇舊。中學時讀地理便知箇舊是中國的錫都,所以特別抽空去參觀了一個煉錫廠,據稱是亞洲最大的,也買了件錫器。

因為不能去河口縣,大會便安排海外來的去訪問附近的一個苗寨。11 月 10 日的下午,我們這些從香港、台灣、法國、英國來的參加者便在趙廷光副省長率領下去訪問箇舊市北面乍甸鎮木沙寨的花苗,趙先生是滇東南富寧縣的瑤族,對於雲南少數民族文化的保存與發揚,極為熱心,這次研討會,他是最有力的支持者。

木沙寨是個新寨,只有58戶,358人,然而也有最能代表苗族傳統的蘆笙與織麻。蘆笙是苗族最普遍的一種樂器,苗族男青年都喜歡吹奏,吹時邊吹邊舞,極有韻律。蘆笙有大有小,大者有丈餘高,小的則只有數吋高,但是基本構造都是用六根長短不一的竹管插在木製的笙斗中,管上有孔,管內則鑲著簧片,每管一音,低音柔和,高音清亮。據苗族傳說,古時,苗與漢原是兄弟,都住在北方,後來起了衝突,苗族被趕往南方,逃亡途中曾藉著竹排,安全渡過大江,為了紀念竹的功績,乃用竹子做成蘆笙。以後行路,總派一位吹蘆笙的人先行,遇危險情況便用蘆笙警告後面的隊伍。在急速漢化及現代化中,很多少數民族都放棄了他們的傳統民族服飾,至少是放棄生產製作這些服飾的原料而改向漢族購買代用品。但苗族婦女卻大都能堅持自種麻、織麻而且穿著麻布做成的繡花衫裙。

我們到了木沙寨,吹著蘆笙的青年,穿著麻織紅花衫裙的姑娘們早已列隊在村口等候。一見我們到來便響起了爆竹聲、蘆笙聲和整齊的「歡迎,歡迎」呼喊聲。我們在寨裡待了約兩個鐘頭,聽了幹部們的報告,看了特別安排的歌舞,臨走則是傳統苗族送客儀式──敬酒,寨民的熱情確是感人,只是大家覺著安排得太官式了一點。

研究會在11日結束,次日我便與其他6位學者乘雲南省縣

圖五十、滇南平遠縣集市上的苗族

政府派的一部小客車啟程往廣西南寧市,參加中國西南民族學會聯合會的年會,順道訪問趙廷光先生家族的瑤族,預計要花在路上3天。

雲南共有22種少數民族和尚未確定族系的苦聰人,是民族種類最多的省份。12日晨我們乘車離開箇舊市,不久就出了紅河哈尼族彝族自治州,進入了文山壯族苗族自治州。這州除了漢、壯、苗外,還有不少瑤族。當地人有句俗話說:「苗族住山頭,瑤族住菁(山坳)頭,壯族住水頭,漢族住街頭。」形象地說明了這四種民族的生態環境與經濟狀況。這天星期天,不少地方都有集市,我們一天便經過了三個集市——雞街、平遠及硯山。其中平遠的集市最大,據說有20萬人參加。在這裡最能看出雲

圖五十一、滇南富寧縣團保村裡的瑤族兒童

南多民族的特色,各民族都穿著傳統民族服飾,成群結隊,盛裝而出,把一條大街鑲成一張色彩繽紛的圖畫,真是壯觀。

下午六點半,我們進入了富寧縣境,當晚我們便住在縣招待所裡。第二天一早便去訪問附近一個叫做團保村的瑤寨。那天下著雨,我們乘的車在昨天來的公路上回頭走了約10公里便右轉上了山路,路很泥濘。事實上,富寧已是邊防區了,所以我們上山不久,便遇到邊防軍的關卡,交涉半天才得通過。汽車再向前行,只見兩面都是八角樹,在八角樹林中走了約5公里,車子便停了下來。我們下來沿著路左邊一條小路步行約10分鐘,便見一些黑屋頂的房子在雨霧中隱現,這便是團保村了,這村有108戶,507人都屬於瑤族中的藍靛瑤一支,共有鄧、李、

趙、馮與蔣五姓。

「藍靛瑤」是當地漢人對他們的稱呼，據說是因為他們擅種藍靛，著藍靛染成的衣服而得名。他們自己則自稱「秀門」或「金門」。村的入口是一所小學，只有兩間教室分建在一個土操場的兩邊，一邊是一年級，另一邊是二年級，由一位年輕的瑤族女老師來回照顧，老師和學生都穿著傳統瑤服，用的課本是用漢文字寫的，但據說是用瑤語來唸。我們到時，教師正在教一年級的學生唱歌，卻是用漢語反覆唱一首古老的民謠「小白菜」。細雨中，只聽得一聲聲「想親娘呀，想親娘呀」的童聲，從那灰暗的教室中傳出來。

因為村民事先並不知道我們來訪，所以全沒有歡迎準備，我們可以看到一些真實的情況。聽見我們到來，不少村民都走出來看，只見男女老幼都穿著用藍靛染成的深藍布傳統衣服，婦女紮上白色頭巾，腰間束著腰帶，兒童則戴著紅色繡花帽子。在我所訪問的瑤族中，這幾乎是傳統服飾保存得最完整的一處了。我們到時，村中有一家正請了道公為他們的兒子「度戒」。按當地的習俗，男子在十一二歲時必須舉行一次「度戒」或「過算法」的儀式。這是種成年禮，儀式之後，這男子便算成年了，可以跟著道公學習經文禮儀，也可以開始談戀愛和結婚。這次接受度戒的是個10歲的男童。我們進到他家時，一位道公正領著他的兩個兒子同時也是他的徒弟糊紙架，預備把他帶來的四

幅道教神圖掛起來。我們走到村頭，又看到在山坡下建了一個矮梯，這是供受戒人爬上梯子去再滾下來後聽道公的訓誡。可惜我們因為要趕路，無法留下來看整個儀式，只把一些準備工作照了相，便乘車繼續往廣西去。

廣東與福建的畬族

畬族是東南中國的一個少數民族。據 1978 年的統計，有 335,000 多人，分布在 5 省 60 多個縣。福建省最多，有近 200,000 多人；其次，浙江省有 130,000 多人，江西省有 4,600 多人，廣東省有 2,500 人，安徽省不足 1,000 人。畬族有自己的語言，屬漢藏語系，畬語很接近客家話，只有廣東省被少數的畬族說與苗語接近的方言。畬族沒有自己的文字，通用漢文，一般來說，教育程度不比漢人低。

我對畬族感到興趣，主要是兩個原因。一個是近數年來我的田野調查都以瑤族為重點，而一般都認為畬瑤是同源的，如前文「犬的傳人」所述，畬族與大部分的瑤族一樣都是信奉盤瓠，即犬圖騰的。另一個原因是據傳香港現在仍居有畬族，雖然目前尚未能充分證實這點，但不少新界地方是用畬的同義字「輋」來命名的，如禾輋、坪輋等，可見畬族過去是在這裡相當活躍的。

圖五十二、福建霍口畬族鄉福湖村一景、左下角建築物即「大王廟」

我第一次與畬族接觸是在 1986 年 9 月。香港中文大學同事羅汝飛博士在廣東市屬下增城縣辦有補習學校，因知那裡有畬族，便利用一個週末邀我一同去訪問。我們在 27 日下午到了縣城，在縣府招待所安頓下來後，便先由副縣長帶領前往羅浮山參觀，這山在鄰近博羅縣境，是有名的道家聖地，山上有沖虛石觀，是晉葛洪的煉丹舊址。那裡山清林秀，置身其中確能感到一些仙氣，增城以產荔枝出名，增城掛綠是荔枝中的極品。我們吃晚飯的地方便在產這極品的果園旁，可惜這時荔枝季節已過，只能望枝興歎了。

第二天我們去增城縣畬鄉訪問。這鄉有 3 個村子，一共只有 39 戶，241 人。據說這些人是於明洪武二十九年（1339 年）

圖五十三、福湖村畬族婦女盛裝

從湖南潭州府遷來。原來說的是「山瑤話」，是苗瑤語族苗語支的一種方言，但現在大部分人只能講廣府話了，傳統服飾也消失了。主要的生計是種稻，此外鄉中建有一木材廠，雇用了不少當地畬族工人。表面看來跟漢族的社區沒什麼分別，但問深一層卻發現這裡只有盤、雷、來三姓，互相通婚，甚少與外人結親。只有在抗戰時期，男多女少，曾娶入逃難來這裡的漢族女子6人，近年來也有3名漢族男子入贅。鄉中有畬族學校一所，但教的東西與漢族小學一樣，並無有關畬族文化的課程。維繫他們為畬族的實在只有他們強烈的彼此認同意識。

1987年4月我在廈門大學講學完後，由廈大研究生院的副院長、中國著名人類學家陳國強教授偕同北上訪問。我們於25

圖五十四、福湖村一畬族幹部與他的母親、妻子和女兒

日到了惠安縣,惠安是個多民族的縣,漢族之外有回族近30,000人,畬族7,000人,蒙古族3,000人,而東部沿海7個鄉鎮雖然住的是漢族,但那裡的婦女服飾奇特,而且盛行「長住娘家」的習俗(見下篇文),所以惠安實在是個多姿多彩的地方。在惠安,我們訪問了塗寨鄉的新亭村。這村有68戶畬族,全部姓藍。傳說是從泉州市河市鄉遷來,每年三月初三祭祖時,村人仍去河市鄉拜那裡的祖圖,村中男子多從事「五匠」,即木匠、石匠、鐵匠、竹匠及泥水匠,以木匠最多,女子從事農業,都說閩南話,已經沒有人會講畬語了,衣著也跟著當地漢人一樣,表面上實在看不出什麼民族特色了。但據陳國強教授說閩南畬族結婚時新娘都穿白衣。這是因為被當地人奉為開漳聖王的唐朝將軍陳元光多次殘酷鎮壓福建起義的畬民,後來陳元光又強

令畲族婦女嫁予其士兵，畲族乃要求在婚禮之前，其士兵必先祭拜新娘被殺的父兄並為之帶孝，結婚時新娘著白衣，婚宴中吃豬肉炒韭菜以為對被殺害親人的悼念，這種做法逐漸形成一種習俗且一直傳到現在。

離開惠安，我們再到福州，在那裡受到福建省哲學社會科學學會聯合會的熱忱接待，在福州住一晚後，便由該會秘書長周立方先生帶同我們北上訪問羅源縣的畲族。這縣有畲族17,500人，保有傳統特色較多，我們因時間關係只訪問了霍口畲族鄉福湖村，這村有127戶，181人。村中有一大王廟是我在少數民族地區見到的最大廟宇。廟是四方形，四角飛檐，四圍是稻田，廟內設兩個牌位，一供得勝黑、白、赤尊王，一供霖、霈、霙三位夫人，據跟來的當地人說前者是水神，後者是保護生子的。又設有一神像，據說是白馬三郎，這神在廣東瑤族中也有人祭拜，但究竟是何方神聖？來歷如何？卻一直問不出來。

廟後是一座矮山，山坡上建有不少住屋，並有一祠堂叫雷家厝，雷姓是村中第二大姓。祠堂正門上掛有一匾上書「文魁」，裡面牆上也掛有不少功名匾，據說這村在清朝出了不少有功名的人。祠堂內供奉的除了雷姓祖先外，還有車山公陳六、七、八師父，據說是保護打獵的。

福湖村的婦女仍保有傳統服飾，最引人注目的是那用紅絨線紮起來的頭飾，當地人叫鳳凰頭，據說也跟犬圖騰有關。像很多南方少數民族一樣，這裡的畲族也擅唱山歌。在訪問中，我曾請一位中年婦女試唱一段，只聽她唱道：

　　土地再高就是天
　　太陽月亮相對面
　　又出盤古分天地
　　分天分地分年間
　　大宋北京坐皇帝
　　文武百官兩邊排
　　五更又坐皇帝殿
　　諸人百客都來拜
　　人字寫出想好多
　　勸你賢郎莫嚕囌
　　百資有錢而無子
　　萬三無錢子又多

她說這歌叫「上大人」（三字嵌在歌詞內）。

讀《人間雜誌》28期鍾俊升先生的報導說他到福建去尋根訪祖卻發現自己是畲族。他說：「祖先來自福建、廣東，盤、藍、

雷、鍾四姓的『台灣人』，很可能都是我的畬族同胞喲！」我很相信他這種說法。畬族原是游耕民族，他們的祖訓是「不買良田，只置弩弓，逢山吃山，逢水食水」。過去，他們四處遷徙，很可能有不少畬族隨著閩南漢人遷來台灣。近年來台灣北海岸盛行的「十八王公」崇拜，便可能與畬族有關。

1989 年 11 月

惠東女子不落夫家

在廣東的順德、東莞，福建的惠安等地，流行一種比較特殊的婚俗，女子結婚以後仍然住在娘家，只有逢年過節的時候才去夫家住一兩晚，一直到懷孕以後才永久地搬到夫家去。這種習俗叫做「長住娘家」或「不落夫家」。

長住娘家的期間可以 3 年、5 年，甚至 10 年、20 年不等。這種習俗在一些中國少數民族如壯族、侗族中也有，所以有些人認為漢族是受少數民族的影響才有這種習俗的。

我不同意這種說法，因為兩者的習俗有實質上的不同。少數民族在長住娘家期間，男女雙方都有充分與其他異性交往的自由，一直到永久地入住夫家以後，才嚴格遵行夫妻的權利與義務，婚姻才算鞏固下來；漢族卻在長住娘家期間，男女雙方，至少是女子一方，完全沒有再交往其他異性的自由。

1949 年以後，長住娘家的習俗在各地都逐漸消失，只有在福建省惠安縣的東部仍然十分盛行，其中最特出的是崇武鎮所轄的大岞村。

圖五十五、大岞村婦女在搬運石塊

我在 1987 年 4 月、10 月及 1989 年 4 月對這村共做了三次短暫的訪問，發現在抗日戰爭勝利後，這村有 70 多戶人家遷居到基隆市去＊。所以現在正通過有關學術機構的協助合作，對海峽兩岸的大岞人做一較深入的研究。

最近有一部叫做《寡婦村》的電影在大陸及香港都相當賣座，這電影便是在大岞拍的。它的放映給大岞村民帶來不少他們不歡迎的聲名，也使我的研究工作增加一些不便。

「寡婦村」本來是指東山島上的村子，據當地的傳說，在 40 年代，由於這村子大部分男子都被國民黨軍人抓去當兵，留下不少「寡婦」，所以便得了「寡婦村」這個綽號。

惠東女子不落夫家　147

圖五十六、大岞村市集上的婦女

圖五十七、在大岞村避風港的工地上、有上千個女工在勞動、男子只做監工

圖五十八、大岞村婦女抬石頭建避風港，旁立的男子
發簽給她們，憑簽結算所抬石頭數目

大概是為了配合近年來大陸的政策吧，《寡婦村》那部電影在影片開頭的旁白，便把傳說改成是村中男子出海捕魚，遇到颱風集體沉溺，使得村中不少婦女成了寡婦，而且把它從東山搬到惠安來。

由於它用大岞獨特的婦女服飾及長住娘家習俗做號召，所以吸引了不少好奇的觀眾，然而卻使大岞村美麗活潑的婦女們莫名其妙地變成了「寡婦」，同時也曲解了長住娘家的實在意義。

據《中國時報》1989年6月10日的報導，那電影原來的編劇陳立洲，正在控告導演王進篡改他的劇本，刪除了他原有的人類學的解釋。

圖五十九、大岞村的百貨店

　　大岞是惠安縣東部靠海的漁村，隔著台灣海峽與台灣中部遙遙相對。據說距台中港僅 90 海浬，乘機帆船一日可達。1987 年我去訪問時，全村正動員起來建一個避風港。聽說建成之後常有台灣的漁船來訪。

　　1989 年 4 月我去訪問同時，村長告訴我說，有不少台灣漁船雇用這裡的漁民。這些漁船先來這裡把漁民接上船，捕魚完後再送回來，雇用的工資為每月人民幣 1400 元，比當地一般收入要高得多，村長很得意地說，這是海峽兩岸第一樁「勞資合作」。

　　大岞一帶，土壤貧瘠，不能種稻，只能種地瓜、花生、大

豆和小麥,而且耕地少,每人分不到三厘地,因此農業在一股家庭的收入占的比例不大,主要的收入還是靠捕魚。這一帶地區,從事捕魚及手工業。

男女間的不平等,是人類社會種種不平等中最普遍與最原始的一種形式,而男女間的對立也遠在階級對立之前便出現了。在中國社會,男尊女卑的觀念與制度,兩千多年前便確立了。

然而在大岠村卻把它更推進一步,女子不但被視為低下,而且被認為蠢笨。這種觀念不但從意識形態上,而且此生產分工上來予以加強,女子擔任農業及其他一切粗重的勞動,男子則只負擔捕魚及手工業,如石刻等技術性較高的工作。

在中國南方如台灣、廣東等地,女子從事農業生產非常普遍,不過一般都得到男子的協作,特別是遇到需要強度體力的勞動,如開墾、耕田等,主要還是由男子來擔任。

然而在大岠,男子卻完全不參與農業生產工作,其他的粗重工作也全由女子擔任,譬如蓋房子時,打地基、搬運泥土及磚瓦都由女子負責,男子只當泥水匠、木匠等有技術性的工作角色。

1987年,我去參觀大岞避風港的工程時,只見上千個女工在勞動,沒有一個男工,而監工的卻都是男的。

由於村中婦女都從事同類的勞動,而且常在戶外,所以彼此間有很大的認同,她們用特殊而統一的服飾表現這種認同。

這種服飾包括黃色尖頭斗笠,上面綴滿各色塑膠花,藍底白點的頭巾,右衽緊身長袖短襯衫,黑長褲,已婚的腰間掛有銀鏈條。由於女孩子很小便開始參加勞動,所以到了十一二歲便跟著大家自動穿戴起這種服飾,一直到老,極少例外,比制服還一致。

粗重的工作需要合作夥伴,因而形成了「姊妹伴」的組織。姊妹伴間團結性強,彼此感情特深。心中有事,首先訴說的對象是姊妹伴,對於姊妹伴的情義往往大於對自己的親戚,特別是夫家親戚。

我想,對姊妹伴的情義,同時希望多替自己父母種幾年田,是長住娘家的一個很重要的因素。另外一個原因便是對丈夫及其家人的抗拒。在大岞,就像其他漢族傳統社會一樣,婚姻是由父母作主訂的,所以新娘嫁入夫家後,面臨的是一個陌生的人群,往往要經歷一段長時期的痛苦忍耐才能適應,如果夫妻感

情不好，便要受苦一輩子了，這是一般的情形。

但大岞的情況更壞一些，因為丈夫出海捕魚，經常不在家，如果丈夫是工匠則更會去外地做工，在家的時間更少。據廈門大學人類學系在大 鄰近的五峰村調查，在158戶小家庭中，有54戶是丈夫不在家的；在48戶大家庭中，竟有42戶是丈夫不在家的。

因為丈夫常不在家，妻子便須獨自應付一群疏遠甚至有敵意的人們。所以如果婚後住在娘家，等到與丈夫的家人熟識之後，才搬過去，在適應上要容易得多。

大岞一帶，人們訂婚、結婚的年齡很早，一般在五、六歲便訂婚，十五六歲便結婚，婚後先不向政府登記，一直等雙方到達法定年齡後，再去登記，以免受罰，當地人因而叫結婚為「偷娶妻」。

婚後第五天，新娘回娘家便開始長住娘家，每年只回夫家三次。第一次在過春節時；第二次在陰曆三月，需要翻地的時候；第三次在陰曆四、五月間，地瓜需要施肥的時候。每次回去或是兩天一夜，或是三天兩夜，都是傍晚去，清晨走，主要替夫家耕田、蓋房子及做其他粗活，很少與丈夫講話。

由於結婚年齡早，婚後三年內回夫家時，極少與丈夫同床，一般都是與小姑睡，三年後才有同床的行為。如果懷孕便可永久地搬入夫家去，結束了長住娘家。即使沒有懷孕，女的到了二十六七歲，也可搬到夫家去。有時，夫妻感情好，卻一直不生育，可以花錢買個小孩，當成自己生的，從而住在一起。

1989 年 7 月

註：據潘英海先生的調查，現居台灣的大岞人當初大部分都是被抓來當兵的，脫役之後在台灣定居下來，而且逐漸集中到基隆市三沙灣（又稱窟仔底）一帶。

冷門裡的大學生活[*]

一

1955年秋天,當我在台灣大學讀完歷史系一年級,轉入考古人類學系(現已改稱人類學系)二年級的時候,原有的九位同學除了一位休學之外,其餘八位都轉到別系去了。於是從二年級起一直到畢業時為止,我這一班便只有我一個學生。考古人類學系本來是台大出名的冷門,但像我這樣唱足三年獨腳戲的,仍然是空前的例子。鑒於我以後各屆人數越來越多,我這情形怕也是絕後了。我愛獨處,所以很快便習慣而且欣賞這種冷寂,然而對於別人,這永遠是奇特而不可思議的事。

所謂「考古人類學」本來是考古學與人類學的合稱。事實上,廣義的人類學便包含有考古學在內,現代一般學者都認為人類學(Anthropology)包括有體質人類學(Physical Anthropology)、文化人類學(Cultural Anthropology)、考古學(Archaeology)與語言學(Linguistics)。所以考古學只是人類

圖六十、李方桂教授（前排中著西裝者）到台大講授「語言學」完畢、返美前在文學院前與部分師生合影（1956年）。後排右三為李濟教授、右二為衛惠林教授、右四為沈剛伯教授（時為文學院院長）、右六為芮逸夫教授。前排左三為筆者

學的一個分支而已。但我國由於傳統，仍然把考古學人類學對稱。人類學的目的在對人類及其文化的起源與發展做一番科學的探索。所以我自以為我的轉系是跨越有限的故紙堆，進入無盡的事實世界裡。體會現代各樣人的悲喜，尋覓過去人類演變的遺痕。但在外人看來，我卻鑽入牛角尖裡去了。

一般人對這系的解釋，除了少數把「考」與「古人類」拆開來讀而認為我們的目的是要考一考「古人類」外，其餘大都是顧名思義地了解「考古」而莫明「人類學」是怎麼一回事。所以人們對這系的看法，大抵可分兩種：一種是以為我們無非是挖挖死人，玩玩古董，除了覺著古怪之外，還有三分畏懼，

因為說不定有一天我們也許會去挖他的祖墳去的。另外一種則以為我們所研究的絲毫不切實際，既不能濟人，更無法救世，值此國難當頭，有為青年是決不屑為的。如一位我所尊敬的朋友便這樣勸過我：

「你學這冷門，成為權威是容易的，成名也是容易的，但對國家和社會卻沒有什麼用，現代青年人要『學以致用』，所謂『致用』，便是要能『經世』。」

又有一次一位愛國同學很憤慨地對我說：

「學考古有什麼用？就是你把中國四千年的歷史考成四萬年，也經不起洋人轟一炮！」

起初我還竭力辯駁，說什麼做學問與經世是兩回事，而且即使說到實用，人類學在處理現代人種、文化和社會問題上也有很大的用場。然而我漸漸發現世界上肯平心靜氣地聽別人說話的實在少得可憐，那些有志之士，總是把別人當做聽眾來發表他的高見，所以往往是經過我一番詳細解釋之後，卻得到對方這樣一個結論：

「你說得也許有道理，但你總不能否認你所學的是和現實脫節的。」

使別人感到最不可思議的還是我一個學生究竟怎麼上課。常常有人問我在大學裡是讀哪一系的，為了使他放心我不至於偷揭墳墓起見，我總是回答說是人類學系，但這往往使他莫名其妙：

「人類學？什麼人類學？」

於是我只好說出考古人類學系全名；這下他懂了，「啊！原來是學考古的，這很難，很枯燥，學的人很少吧？」

我便告訴他說我這年級只有我一個學生。於是他的興頭來了：

「一個人？那怎麼上課呢？是到教授家裡去上課吧？」

開始時，我總是解釋給他說我們常常是兩三個年級合起來上課，有時別的系的同學也會到我們系來選課，所以一個人上課的機會是很少的。而且即使只有我一個人上課也仍是在教室裡和一般情形並沒有兩樣。然而這樣一解釋，往往使聽者掃興。所以後來凡碰到這種問題，我便不置可否地答覆一聲「唔」，再說我早已被認定必須到教授家裡去上課，多辯白也沒用。

正如僻寂的地方容易產生鬼話一樣，我這獨人班特別容易招致謠諑。這個冷系在別人眼裡本來已夠古怪，何況我這「孤家」「寡人」，更不免被人覺得有點邪魔外道。例如有一次我偶然在校園裡碰到 A 君，他問道：「剛才 B 君找你，找到了沒有？」我說：「找到了，是我約他來看畫的。」過了不久，忽然有不少朋友跑來問我究竟發現了什麼化石。我被這問題困惑了很久。後來才知道，原來是那位 A 君，聽了我的問答後，思索一番，以為像我這種怪人哪兒會有什麼畫好看，大概是他錯把「化石」聽成了「畫」。於是他便傳揚開去，結果最後連那位被我約來看畫的 B 君，也吵著向我要化石看。

這樣，我便在這被人認為離奇古怪的冷門裡度過了三年大學生活。但不管別人怎麼想，我卻越來越喜歡這一行。三年之中，我得到不少在別處得不到的經驗與知識。

二

從一年級下學期起我便開始住校，起初住在第五宿舍。同房間的七位都是三、四年級的同學，六位是本省人，一位是外省人。那位外省同學年紀約二十七八，左眼有點毛病，笑起來時便把左眼閉起發出絲絲像老鼠叫的聲音。他睡在最裡面，把他的書桌四周用布圍了起來，他看書時，決不許人窺視。有一

次他告訴我說他在廣州時，因為看到一位中學校長吃飯時桌上有六碗肉，便投考了教育系。到台灣後，又看到化工出路好，便又改學化工。結論是如果辛苦讀完了大學而竟然得不到一碗美食，是很不划算的一回事，所以對於我想轉入考古人類學系的念頭頗不以為然，因為在一般人看來，讀這樣的冷系，將來難免要餓肚子的。

由於自己要轉系的緣故，常常和別人討論起讀大學的目的來。於是我漸漸發現在大學裡有太多的實際，也有更多的幻想。麵包與理想對峙，肉食與夢幻混雜。但追求麵包者與追求理想者都一樣急切地在暗中摸索，跟在他們後面，我於是也開始為自己尋覓一條路。

我和別人爭辯了一學期關於我轉系的問題，除了考古人類學系幾位教授鼓勵我外，幾乎沒有人贊成的。到了學期終了，我終於不顧一切轉了過去，現在回想一下，當時我對這系的了解，很多是出於想像，而這想像又混有很大浪漫成份在。我愛山水，更愛文學。所以我轉入考古人類學系，除了要從事人類學的研究外，更想以活躍在大自然中的原始人做題材，寫出我對他們的關係與對人性的了解來。雖然初來時幻想並未褪色，但那實現的步驟卻越來越實際了。

二年級上學期過了一半時，一位文科研究所的研究生把他在研究室的位置讓給我，從此我再不需每晚到圖書館裡去搶位子，而名副其實地進了冷門，與別人疏遠起來。

　　那研究室在文學院樓上，跨在前後兩棟大樓之間，原本是教室，後來用書架隔成了兩間研究室。我在靠後樓的一間裡，與我同室的另一位研究生經常不來，大部時間都只有我一個人。這房間相當寬大，可擺十來張書桌。因為很久沒有打掃，屋裡滿是灰塵和從屋頂掉下來的石灰片。牆角織滿了蜘蛛網，我的桌子擺在窗口，正對東面一列低矮的青山，山上樹不多，有些光禿的地方露出紅土山脊，上面零零落落地築了不少墳墓，我常在黃昏時憑窗眺望，夕陽裡，那綠樹、紅山、白墓竟相映得妖艷奪目起來。窗下便是文學院的後園，工友把通路堵住，在園中種了不少花木，四周則長滿長草和幾棵久未修剪的樹木，一幅荒涼景象，每當月亮從東面山後升起，緩緩移到前樓東角上時，神秘與淒寂便溢滿這園裡。

　　我喜歡晚睡晚起，所以常在這研究室裡待至深夜，忙起來時更會待到清晨三、四點鐘。子夜過後，各研究室的人都走了，整個文學院變成一團漆黑，只有一盞六十支光的檯燈為我照出一塊光明來。老鼠在我背後打架、交配。如果是夏天，更有不少鐵甲蟲、天牛、螻蛄飛了起來，在灰白的牆上映出怪模怪樣

圖六十一、筆者（右三）首次做田野調查時、在台東縣卑南鄉知本村與主要報導人合影、領隊為衛惠林教授（左一）及何廷瑞講師（右一）（1956年）

的影子。有時飛入一兩個蝙蝠在飛繞數匝之後，便跌落在牆角縮作一團。午夜的東風特強，將窗門吹得好像不時有人在開關一樣，地板裡的蛀蟲這時也啃得分外起勁起來。所有這些老鼠的嘶嚷，昆蟲的飛鳴，蛀蟲的啃噬，在低沉的東風伴奏下，形成一支深夜交響曲直逼人心。起初我確有點兒害怕，常常無意識地放一根棍子在身旁，日子久了，便習慣了，反而喜歡欣賞那老鼠的尖腮，蝙蝠的畏縮與天牛的呆笨。而且覺著午夜過後，這研究室本是牠們的天下，我真該和牠們友好些。

在研究室讀完了書，便摸索著下了樓梯，慢慢推開了文學院的那扇沉重的大門，悄悄走回宿舍。我常怕因此嚇壞了巡邏的校警，尤是在冬天裡在一件破舊的灰棉布大衣裡的時候。

冷門裡的大學生活 163

圖六十二、卑南族知本社（台東縣卑南鄉知本村）三著傳統服裝男子在祖家前合影（1956）

圖六十三、1970年前台灣山地的原住民主要靠吊橋往來各地、圖為屏東縣內一吊橋（1957）

過了一年，研究室的人漸多了起來。同時，我從第五宿舍搬到第十宿舍，仍然是晚睡晚起，總是當我晚上回去時，燈早熄了，同室的人早已睡熟，當我早晨醒來時，他們都走光了。所以一年過後，我仍然弄不清同室的有些什麼人。

四年級上學期，我突然對這幽靈似的生活厭倦起來，在一位朋友慫恿下，我便把宿舍與研究室的東西一齊搬到國際學舍去，一直在那裡住到畢業。

國際學舍的環境與我原來在研究室所處的完全相反。不單住在裡面的人們吵鬧，而且隔壁體育館裡幾乎每晚都有節目：不是鑼鼓笙簧，便是曼波卻卻，午夜之前是難得清靜的。

幸巧我的寢室對面便是圖書室，恰好那圖書室又由我這寢室的同學管理。所以每晚我便把自己關在圖書室裡，趕寫畢業論文，雖然噪音依舊不減，但因為沒人來打擾就比較容易忍耐，不久也就習慣在繁囂中工作了。

午夜之後實在是國際學舍最美的時候，這時我把圖書室的大燈關掉，自己便浴在檯燈所發出的柔和的黃光裡。那檯燈戴著一頂大草帽似的燈罩，把光線圍成一個金環。因為在三樓而且有紗窗，所以，沒有蚊子來騷擾，門窗關得很牢，風再大也

圖六十四、排灣族來義社（屏東縣來義鄉來義村）的屈肢葬：老頭目被屈肢綁好蹲在一籐椅裡、抬往墓地安葬（1958）

冷門裡的大學生活 167

吹不動，除了偶而幾聲汽車的喇叭聲外，真靜極了。在繁囂鬧嚷之後，最易體會這時的安詳和諧。為了享受這情境，有時即使沒事，我也常常在這裡坐得很晚，結果越發晚睡晚起了。

國際學舍位在台北市信義路與新生南路交叉處，後面是憲兵訓練中心，前面及右面都是違章建築，街面上開著許多小店，巷子裡則住著些三輪車夫、工友、菜販。國際學舍恰與這環境成了尖銳的對比。國際學舍本來有相當富麗的餐廳，但為了貪圖便宜，更為了領略那些小人物的悲喜，我便在國際學舍東面一條小巷子裡包飯。那包飯的地方是用竹蓋成的一間很破舊的房子。竹壁已經向內傾斜，好像立刻就要倒塌似的，爐灶與飯桌都在這間房子裡，因為沒有煙筒，屋子內外都被燻成黑色，灰塵與煤煙在屋頂結成長長短短的黑線向下吊著。門向西開，兩旁挖著兩個長方窟窿便當做窗子，到了熱天下午，這屋子被太陽一曬，熱得像蒸籠似的。屋內飯菜的油腥味與屋外陰溝的酸臭，凝成一股混濁氣，沾人衣服。吃飯的人都穿著背心短褲一面拭汗，一面站著談著。有的甚至連背心都不穿，汗水便從油光的脊背上流了下來。我比較斯文，進去時只把上衣脫掉，穿著汗衫坐下。來這兒吃飯的除了我外，都是住在附近違章建築裡的光棍，他們把勞力所得除了嫖賭之外，都化在吃上，所以都比我吃得闊綽。我一面吃飯，一面留意他們的談話。漸漸發現他們談話的主要目的不是傳達意思，卻在發洩苦悶。兩杯

酒下肚,他們便呻吟著,呼喊著,用最不修飾的語句散出心底的冤鬱。每天我從洋味十足的國際學舍走出,離開那些裝模作樣、趾高氣揚的洋人與準洋人,走進這間小屋裡來。短短一條路連接著兩個不同的世界,我在這條路上來回走了一年,對於兩個世界都有了相當了解,但越是了解,越覺著不屬於兩個中任一個。

三

三年冷門大學生活,我最大的樂趣是在調查上。三年之中,我共出外調查了六次。因為我的興趣在民族學方面,所以六次調查中有四次是民族學調查,一次語言學調查與一次考古學調查。除了已經完全漢化的平埔族外,一般把台灣土著分做泰雅、賽夏、布農、鄒、排灣、魯凱、卑南、阿美與雅美九族。其中除了雅美族外我都曾粗略地調查過。每次我一出發調查便不想停下來,除了那些形形色色的土著外,我更喜歡所有變化無窮的風景,起伏曲折的山道,烈日與陰蔭,颱颶與微風,驟雨與霖霖,自然還有那越出越多的汗珠,越走越重的雙腿,歇腳在樹蔭下、大石上的愉悅,兩口泉水下肚後的爽快,每一刻都在企待宇宙新的變化,欣賞自己的慾求與滿足,像小傻子樣地奔波不停。

我第一次調查是在1956年2月我二年級的寒假裡，跟著兩位教授與一位講師到台東縣卑南鄉知本村調查那裡的卑南族。在九族中卑南族是人數較少的一族，只分布在卑南鄉境，不過她的嚴格的年齡階級組織、男子會所與祖家系統在台灣土著文化中頗具特色。知本村在太平洋濱，舊稱知本社，它東面海岸上的山便是傳說中的卑南族的發源地。卑南族在日治時代，已被列做平地山胞，在九族中漢化最早，衣食居住已經大部漢化。知本村的會所雖然仍在，但已經有三年沒有人住在裡面，只剩一間搖搖欲倒的竹屋，委曲地侷促在農會的旁邊。祖家卻依舊保存得很好，都集中在一起，旁邊便是天主教堂，新與舊做著強烈的對比。

　　過了半年，我又跟另外兩位教授跑到屏東縣牡丹鄉調查牡丹村的排灣族。排灣族分布在台灣南部及東南部，以階級制度，貴族政治，蛇崇拜與木石雕刻為特色，人數約比卑南族多出六倍，約三萬多人，在九族中，傳統文化保存得較多，但牡丹鄉的排灣族比起我以後所調查的排灣族來卻漢化了很多。在別處排灣族中習見的刻有百步蛇與裸體人像的柱子，門楣與屋壁在這裡已經看不到了，只有那搖鈴作法的巫婆仍然有著相當勢力。

　　1957年2月我與本系兩位先生及兩位美國學者再到屏東縣來調查排灣族時卻沒有再到牡丹鄉。我們從三地鄉的三地門入山，在雲霧中迴旋著爬到海拔近1,000公尺的霧台村，調查與排灣族頗為相近但人口只有後者的五分之一的魯凱族後，便從另

外一條路下來,轉到靠海的獅子鄉排灣族部落裡去,然後再轉入春日鄉山地去。從由艷紅的土與翠綠的樹構成的仙境似的山路走入古老的力里與七佳村中,這兩個都是排灣族的老社,沒有移動過。低矮的房屋,全部用灰褐色的石板蓋成,從些房屋中不時會有那穿著繡有百步蛇與裸體人像的黑布衣服的排灣族走出來,木石雕刻也隨處可見,道路都用碎石板鋪成,在陰沉的天氣裡,一切都像是剛從地下升上來一樣。

第四次調查在 1957 年 8 月,到阿里山上記錄吳鳳鄉達邦村鄒族的語言,還參加了他們一年一度的戰神祭。

這四次調查都是跟著教授做實習,談不上收集什麼資料。兩次對排灣族的調查,使我對他們所行的屈肢葬發生了興趣。回來之後便開始收集一點有關的資料,發現這種葬法不但曾被台灣土著諸族普遍奉行過,而且在戰國時代的中國大陸也曾風行一時,同時上至殷商,下迄西漢都曾發現。在幾位教授鼓勵下我決心將它做一番比較研究並作為我的畢業論文,請系主任李濟教授指導。為了收集材料,在四年級寒假時我獨自做了一次為期二十三天的專題調查。

1958 年 2 月 7 日我獨個兒背著行李包從台北出發,先到新竹縣五峰鄉山地,調查那兒十八兒社的泰雅族和大隘社的賽夏

族。以獵頭和紋面聞名的泰雅族大約有 38,000 多人，分佈在北部山地，是土著族中的第二大族。而賽夏族卻只有 1,600 多人。十八兒社建在五峰鄉大隘村的山坡上，大隘社則建在那海拔近 1,000 公尺的山頂上。我在冷雨裡對兩社訪問了三天，那股竹筍般直刺雲霄的青山，在雨急時便似溶化作一灘碧綠，山底銀帶般的河流則黯然地吼著流向遠方。山頂的大隘社完全沉在濃霧裡，只偶然有兩三棟竹屋，浮出半截身來，人、狗、雞聲俱寂，全然失卻了人間煙火味。這大隘社的賽夏族，先是同化於泰雅族，後來又和泰雅族一起同化於漢族，只有那兩年一次的矮人祭仍保有著他們固有的特色。

當我從五峰鄉趕到南投縣信義鄉時，天大晴了，玉山旁的望鄉山戴上銀樣的雲冠迎著我。在廣闊的蠻荒山谷裡，河灘上，我從明德村經過望美村爬到玉山腳下的東埔村，花了五天的時間在三村裡訪問那有著兩萬人口的布農族和自阿里山搬來的鄒族。一位熱心的鄒族小學教員陪著我，聽那木雕般的老頭兒們慢吞吞地講述古老的故事。

離開信義鄉進到屏東縣來義村排灣族的部落裡時，已經是舊曆年除夕了。漢人過年的風俗還沒有傳到這裡，因為這部落是新從山上遷下來的，所以我去時見著不少排灣族男女用頭頂著一疊疊的石板，忙著蓋房子，晚上村長的房屋蓋好了，大家

擠在新屋裡吃酒唱歌，石板屋的世界顯得分外熱鬧起來。但那山頂上的舊部落卻早已變成廢墟，我去勘察時只見那白雲正在破爛傾斜的石板屋上漫步，我從來沒有看過她如此悠閒與得意。

大年初二我參加了村裡一個老頭目的葬禮，葬式是典型的複折式豎葬型屈肢葬，死者被屈肢綁好蹲在一張籐椅裡抬到墓地安葬。這種葬法，現在已經很難得看到了。

離開來義鄉轉到台東縣調查了那兒的卑南與魯凱族後，便沿著秀姑巒溪走到海岸山脈裡阿美族的奇密老社去。阿美族是台灣土著裡的第一大族，人口55,000多人，遍佈台灣東部，早被列做平地山胞，大部蕃社都與漢人雜居，漢化已深。但這奇密老社卻建在群山環抱著的一塊綠色盆地上，鮮綠中有傳統的阿美族竹屋點綴，與綠色外的世界似久已相忘。

調查完奇密社後，再北上調查花蓮縣光復鄉馬太鞍與太巴塱兩社的雅美族和秀林鄉的泰雅族，3月1日回到台北，結束了這次旅行。

一個月後我跟著一位講師，又出發到東海岸做田野考古實習。我們從花蓮縣光復鄉翻過海岸山脈，到了太平洋旁的豐濱鄉豐濱村。我們在這兒待了一個多星期，挖了兩個深坑，掘出不少陶片和石器來，又發掘出一個巨大的石臼來。我們又在烈

日下沿著太平洋西岸向北走到崎嶇去，再走回來。或者走在軟綿綿的沙灘上，不時可以看到幾塊奇形怪狀的巨石矗立著與海天抗拒；或者攀援在絕壁上浴在海水擊岸所激起的白沫裡，我從來沒有感覺到我是如此般地與海、天、山接近著。

豐濱村是阿美族的貓公社，這次我一到那裡便學阿美話。每天晚上，除了做一點調查外，便與阿美族的青年男女玩在一起，和他們談天、跳舞、唱歌。到了後來我甚至參加他們月下海邊的幽會。一直到這次調查完後，我才覺著我與台灣土著族開始熟悉起來，我與他們，他們與我都不再陌生了。

但越是熟悉，那起頭時濃郁的浪漫的情趣便越變成真實的認同。我已見慣了那滿身污泥在土裡打滾的小孩子，隨手在地上抓些東西往口裡亂塞；那蜷縮在柴火旁、太陽下的木雕似的老頭子、老太婆。在一棵大樹下有剛除完草的女人們圍著一大盆芋頭，一大盆野菜，慢慢地抓食；在另一棵大樹下，有十來個中年男子，橫七豎八地圍著一團柴火躺著，在等待他們安裝在野地裡的陷阱能抓到幾隻田鼠或野兔。巫婆在作法，使勁地搖著鈴，唸著咒；巫師在占卜，木雕似的臉上現出奇異的表情。那蜷縮著的老頭子喝醉了，在低矮的石板或茅草屋內外木偶般地手舞足蹈起來。久而久之，我見著這一切時，最大的感覺是清楚地意識到他們與我是共同生活在這島上的人類，於是便有

一種強烈的願望希望對他們從文化與心理兩方面做一番細微深入的解剖。

那些土著們在開始喝酒時總是木偶似地靜靜地蹲著,幾杯酒下肚便慢慢動了起來,同時發出低沉的聲音,漸漸地,動作快了,聲音也高了。終於顛顛倒倒地亂動起來,聲音也變成了淒厲的呼號。我常把這些與都市裡窮人們的叫嚷,富人們的呻吟以及那些體面人物忘形之後的狂亂連接起來。彷彿覺得這一切苦悶之聲都在與同一個深廣久遠的世界相呼應。這個世界與祈禱詞裡的天堂全然不同。

四

我並不曾將自己永遠關在冷門裡,也常常和冷門外的同學接觸,但反而感到寂寞。我曾獨自奔波於山地,卻與萬物同有欣欣向榮之感。然而在大學裡卻覺著單調與沉悶。雖然大自然依舊有聲有色,大學生卻已經緘默了,似一片無風的沙漠,無聲無息。

在功課方面由於自己性急,剛轉入考古人類學系便選修了不少三、四年級的功課,對於二年級該修的卻沒有修。與我一起上課的除了一位三年級的同學外,其餘都是四年級與研究所

的學生。而那位三年級的同學也比我大十多歲。所以一上課便不免有點兒著慌，過了一學期才安下心來。在這系上課除了人少以外，與別的系並沒有什麼特別的地方。因為學生少，所以和先生們接觸的機會多，往往在課外與先生們談話所得比在課堂上得的還要多。

因為自己貪心，選的學分特多。除了必修課如民族學、史前史、體質人類學、語言學、社會學等外，還選了不少選修課程。雖然我並不很用功，但腦子裡也不斷裝進不少人類學的觀念與理論。我便是帶著這些觀念與理論跟著先生們到山地做調查實習。這種調查大都是到達一個部落後，把當地見聞最廣、最熟悉古代習俗的老頭子、老太婆——如果他們是頭目或巫師則更為理想——請了來，細細向他們追問過去風俗歷史。如果他們能對答如流，說得頭頭是道，則先生們覺著高興，我也覺著高興，因為在筆記簿上已經洋洋大觀地記了一大堆，調查所獲是很豐碩了。但這樣調查了幾次之後，我卻對所獲材料的價值懷疑起來。第一、這批材料的報告人在社會上都是特殊人物，他們所說是不是能夠代表整個社會？第二、他們所說的是實際的社會行為，還是只是他們的理想？第三、二次大戰後，台海土著文化也正像世界其他地方的原始文化一樣在急劇的變化中，只做歷史的追溯，而不顧它們的變遷情形與現狀，是不是合理？

經過與台灣土著各階層比較廣泛而長期的接觸之後，更加深了這種懷疑，同時對我一向所學與所作的，感到極大的困惑與不滿。在急劇的變化中，台灣土著社會不論是在深山裡的或在平地上的，都已全部或局部地揚棄了規律的、保守的、穩定的與特殊的固有文化形式，而呈現出一種非常的失調、複雜與紛亂的現象。這種現象既非藉老頭目、老巫師的追述與解釋可以了解，亦非我所學的那套機械的、形式的、單純的理論與方法能夠圓滿地加以研討與表達。我開始覺得，現代的社會科學家，除非甘心為陳舊的名詞做填充與解釋，否則便需進一步探索一種更細微、更貼切、更活潑、包容更多的方法與觀念，來處理這繁複多變的現代的社會，不管是原始的還是文明的。

　　在我試圖以文學的形式表達我在土著社會中的感受時，遇到了同樣的問題。我曾試著寫過兩個短篇，一篇叫做〈死〉，表現排灣族老一輩對死的看法，新一代對生的嚮往。一篇叫做〈聖體〉，表現教會在山地的發展，但還不及寫完，便覺著自己是徹底地失敗了。一個感受力並不太遲鈍的現代人走入正受著現代文明猛烈衝擊著的原始社會裡，目睹新的在孕育，舊的在衰亡，新生的帶來了紛擾，衰亡的遺留下空虛，有的人在迷戀，有的人在瞻望，有的人在徬徨，有的人在摸索，新與舊，生與死，得與失，交織成一個複雜多變的世界相，那現代人把自己的複雜的苦樂投射在這裡面之後，他所感受到的絕非單純

的喜厭與某些浪漫的夢想的實現或破滅。他必然有著錯綜難解，繁複多變的情意需要表現，在這種情形下，舊有的規律化與形式化的藝術法則已不能勝任愉快了。他同樣需要打破傳統與形式的束縛，尋求一種更細微、更貼切、更活潑、更能兼容並包的表現方法。

於是我開始一面學習，一面摸索，大學時代便這樣地迅速度過。1958年6月我在考古人類學系畢業，8月間又考入了考古人類學研究所並且被校方聘為助教，開始了冷門生活的另一階段。檢討三年冷門裡的大學生活，成就自然是談不上的，只是藉著不斷的學習與摸索，我更認清和熟識了冷門裡的這片天地。

註：本文原載《大學生活》半月刊（友聯書報發行公司在香港發行）79期（1960年8月16，頁36-39）及82期（1960年10月1日，頁30-34）。轉載時，文字上略有修正。

人類學家與原住民研究：
一些個人的經歷與反思[1]

　　這不是一篇嚴肅的學術論文，只是四十多年來個人研究原住民的一些經歷與反思。

　　1954年我考入了台灣大學，最初唸的是歷史系，一年以後轉入了考古人類學系（現稱人類學系）。但原來的九位學生除了一位休學以外，其餘的八位都轉到別系去了，所以我常自誇對這系有承先啟後的功勞。人類學系一直到今天都還是冷門系，報考的不踴躍。然而像我那樣從大二到畢業都是一個人的情況，確是空前絕後的。由於一班只有我一個學生，所以去做田野調查的機會便很多，而在那時，去田野調查便是去調查台灣原住民，那時稱做高山族。

　　我第一次與原住民接觸是在1956年初寒假期間，是隨凌純聲與衛惠林二師，到台東縣卑南鄉知本村調查卑南族的知本社。之後，每逢寒暑假，我總是往原住民地區跑。1958年的寒假，

為了調查當時仍然存在於台灣原住民中的「屈肢葬」（喬1960），我訪問了島上八個族的主要社區，只有蘭嶼的雅美族沒有訪問到。1960年，為了撰寫碩士論文，我在卑南族的呂家社（卑南鄉利嘉村）住了近五個月，調查其社會組織（喬1961）。

日本殖民政府對於台灣原住民的政策一直是強力的「皇民化」。強迫後者說日語及接受警察管訓。結果是台灣原住民對與政府有關的人員都非常服從。加以日本政府對大學的尊重，而在當時，我所就讀的台灣大學可以說是島上唯一的一所綜合性大學，所以到了原住民地區，人們一聽說是台灣大學來的，即便是學生，也都表現出極大的熱忱與友善來接待與協助，我與台灣原住民前後六年的交往都是非常愉快和令人眷戀的。

由於對原住民的依戀，更由於深信人類學家應該以研究異文化為主，我到了美國Cornell大學攻讀博士學位時，便沒有像絕大多數的中國留學生那樣選擇研究自己民族，而是選擇了研究北美洲的原住民——Navajo印第安人（Chiao1971）作為博士論文。1965年我在美國西南部Navajo保留區居住了近十個月，不過在那裡所受到的待遇卻與我在台灣的經驗有天壤之別。被台灣原住民寵壞了的我，一時非常不能適應。

在美國西南部的印第安人中，Pueblos 是嚴禁外人進入他們的社區的，我原以為 Navajo 會好一點。不料還是遭到很強的抗拒，最初我住在保留區的邊上即美國人類學大師 Clyde Kluckhohn 姑媽 Vogt 開設的一間客舍中，同時請了 Kluckhohn 原來的報導人 John Chatto 做嚮導和翻譯在 New Mexico 近保留區的 Navajo 人中訪問，還沒有遇到大的抗拒。一個月後，我駕車進入了保留區。在逐一訪問了保留區東面幾個村落（按拿瓦族的劃分，應該叫做 chapter）後，決定在東北角上一個叫做 Lukachukai 的地方住下，並在其周圍做長期和深入的訪問，這是保留區內受外界影響較少、傳統習俗保留較多的地區。首先我必須找個住宿的地方，於是我便去找這一區（chapter）的行政人員幫忙。

一天上午我開車到 Lukachukai，先去我認識的一位 Navajo 人家中訪問。據這人說當天下午一時，這區的區民大會將在區會所（chapter house）召開，建議我乘機向這裡的人說明一下我的研究。於是我在會前 10 分鐘到了區會所，先找到區的秘書。原來每一區有主席、副主席及秘書各一人。前面兩人大都不會說英文，但秘書一定是懂英語的。我把我的來意向秘書說明由他翻譯給主席，他們兩人都同意把我介紹給大會，而且讓我講幾句話，於是我們一齊進入會場。

圖六十五、利嘉村村長（前排右二、原為呂家社頭目）娶媳時與親友合影（1960）

場內已坐了幾十人，而且陸續有人進來，男的坐在左邊，女的坐在右邊，我跟著他們兩位坐在主席台上，跟我坐在一起的，還有鄰近一區的兩位負責人及一位印第安人事務局派來的白人。我的講話排在那白人的後面，由區祕書做翻譯。我首先對自己的背景做了個簡單介紹。然後說我希望能在 Lukachukai 住上半年，對 Navajo 的語言與文化做點深入了解，並與中國文化做一點比較研究。

我話一說完，便有三位 Navajo 男士起立爭著發言。第一位說：「你的研究對你有好處，對我們卻沒有好處。」第二位說：「你是從那麻煩最多的地區來的，我們怎能信任你呢？」第三位說：「我們是很會猜忌的民族，你最好還是先取得我們主席

圖六十六、呂家社婦女在田間午餐（1960）

的許可再來。」事實上我已約定 6 月 21 日和拿瓦侯部落會議主席 Raymond Nakai 見面，於是我離開會場，決定等見了 Nakai 後再說。

我本來就知道拿瓦侯人疑心很重，譬如 Kluckhohn 便被他們懷疑是納粹德國的間諜。此時越戰正在升級，Navajo 又分不清台灣與中國大陸，自然會懷疑我。但有一點是事後才知道的，原來二次大戰時，美國海軍曾用 Navajo 語來做秘密通訊用，據說德國人曾派人來偷偷地學 Navajo 話，現在我說要學他們的話，更引起他們的疑心。

三天後我見到了 Nakai 主席，他對我的研究計畫很有興趣，

並說曾看過一些介紹孔子的書,加上我帶著 Cornell 大學的介紹信,所以他欣然同意我在保留區做研究。隨後我又幸運地找到了一位極有經驗的翻譯。他的全名是 Albert George Sandoval,但大家都叫他 Chic。他曾為美國近代語言學大師 Edward Sapir 做過長時期的翻譯。並曾為很多人類學家和語言學家工作過。我見到他時,他已 73 歲了,然而他的記憶力仍很好,反應敏捷,加上他那極為流暢的英語,可以說是我一生用過眾多翻譯人中最好之一。我恐怕是他最後一個合作者,因為我離開後兩年多,他便過世了。

我和 Chic 講明,我住在他家中,付他食宿費,每天美金三元。說好之後我便正式搬進他家並開始一起做訪問。然而周遭的 Navajo 人仍然對我充滿敵意,好幾次我在 Chic 家裡,聽到有些年輕人開車經過,對著 Chic 的房子唱道:「那個細眼睛的人啊,還是回家去吧!」更有一次,我參加附近一個「女兒舞」(Squaw Dance)祭祀,突然一個高大的 Navajo 中年人走到我面前來,我依照 Navajo 的習慣,伸出手要去和他握手,他卻用相當流利的英語說:「我不要和你握手,我想殺掉你。」他略頓一下又說:「你等在這裡,我現在就回去拿槍來。」說完他便開著他的小卡車走了。我一直等到祭祀完畢,都未見他再出現,我的命便也保住了。這樣經過了約一個月,我和周圍的人漸漸熟絡起來,他們對我的猜忌與敵視才逐漸消失了。(以上

圖六十七、卑南族呂家社竹占師在做竹占（1971）

七段主要引自喬 1990：49-54）

對於 Navajo 人對我的抗拒與猜忌，我總覺著是他們習性使然。一直到三十年後，我自海外退休返台，為國立東華大學創建族群關係與文化研究所，同時也接觸到了島上澎湃洶湧的台灣原住民運動，才被動地意識到原來三十年前 Navajo 對我的態度以及三十年後台灣原住民的態度都和人類學家所扮演的角色有一定的關聯。

1970 年我從美國返台在中央研究院民族學研究所客座研究一年，乘便重訪卑南族的呂家社，距我為碩士論文來此做較長期的調查，正好十年。十年相違，我發現呂家社有了重大的變遷，但總的方向不是更新卻是復古。十年前，我在呂家調查時，

圖六十八、竹占師（左）為一男子（右）做竹占（1960）

圖六十九、卑南族呂家社女薩滿用檳榔在做祭祀（1971）

圖七十、三女薩滿在做祭祀（1960）

圖七十一、一女薩滿（左二）為一少女（右二）做成年禮

圖七十二、一女薩滿位一老者做醫療性祭祀

發現大部分傳統祭祀活動都停頓了,最常聽到的一句話是:「現在一切都變了,都是天主教的了。」(喬 1997:4)。代表傳統卑南族文化的祖家(karumahan)都被破壞殆盡,全村找不到一所完整的祖家,更遑論由之衍生的制度(如年齡組織)與事物(如男子會所)了。傳統上的兩個收穫祭:小米收穫祭(murawak)及水稻收穫祭(magayagayao)都在 1958 年便停止舉行了。這一切人們都歸咎於教會,特別是天主教。教會固然是破壞卑南族傳統文化的力量之一,但它們的作用卻被人們誇大了。根據我的記錄,在 1960 年訪問的 153 戶中有 46 戶或 196 人信天主教,21 戶或 92 人信長老教。但天主教的影響遠大於此數字所顯示。首先由於天主教教堂是拆除最後一座即合併後的中央男子會所而建,所以被認為是破壞卑南傳統的首惡。其次,

圖七十三、卑南族呂家社祖家建成後的祭拜（1971）

天主教會在 50 及 60 年代以麵粉、脫脂奶粉、舊衣服等從美國運來的救濟品來吸引人信教。一旦加入教會後，神父即登門把所有有關傳統宗教信仰的物件取走。如有祖家，一併拆除。於是人們把一切的改變都歸罪於天主教。（喬 1997：4）。事實上導致傳統卑南文化式微的，政治力量遠大於宗教。首先是日本殖民政府的強力「皇民化」政策，其次，光復之初台灣的國民黨政府把原住民的傳統文化看做「迷信」，不斷加以壓制。

十年之後，我再訪呂家時最大的驚異是教會的沒落。長老教會尚可勉強推持，但天主教卻幾乎完全被排斥了。在我先後在利嘉村停留的六個星期中，從沒有見到天主教教堂的門開過，教堂周圍的長草也從未修剪過。據管轄這教堂的神父（住在南

圖七十四、卑南族呂家社少女及其奉祀的祖家（1971）

圖七十五、卑南族呂家社大狩獵祭時由狩獵歸來的男子為年內家中有喪事的婦女除邪（1984）

圖七十六、卑南族呂家社大狩獵祭後舉行的社區活動。圖為盛裝的呂家社婦女在插花展覽前（1984）

王村）說他大約隔兩個月來利嘉村一次，但因為教徒太少，所以聚會大都在教友家中舉行。我當時的記錄是在131戶中發現只有4戶還在參加天主教的聚會。

長老會的情形要好得多。在我停留期間，每個禮拜天，都看到有人在長老教堂裡做禮拜。每星期三及五晚上都有家庭聚會。然而就是根據他們自己的報導，長老教也是大不如前。在我所問過的131戶中，只有15戶是仍參加長老會聚會的。

兩個教會的衰落都是從60年代的初期開始。衰落的原因，教友及村民們都認為是由於救濟品（包括舊衣服、麵粉、奶粉等）的停發，失去了物資的引誘很多人便停止去教堂了。甚至兩個教堂的負責人，也都坦白承認這是主要原因。然而我對一些受過洗而後來中止去教堂的人的訪問顯示，呂家社人捨棄這種西方宗教的原因，並不如上面所敘得那樣簡單。

在這些受過天主教或長老會的洗禮後來都中止去教堂的居民中，有很多訴說他們在受洗後，不久便患重病，請醫服藥無效，只好去找 tamaramao（薩滿）或 mulalta（竹占師），經斷定是因為背棄了 karumahan，祖先在發怒，遭到 muteha（神罰），所以生病。於是他們恢復了祭祀 karumahan，停止去教堂，病便好了。這種現象在長老會中比較少，在天主教中卻非常普遍。

以上的描述主要引自我二十多年前一篇論文（喬 1972：16-17），以下再從這篇文章裡選一例說明所謂 muteha（神罰）的情況：

CA（女，47 歲）是目前呂家社很紅的一位 tamaramao。據她說在她 30 歲時（即 1954 年）跟著天主教傳道師 YW 聽道。當時她早已有了 lavat（薩滿袋），而且已經跟著兩位年長的 tamaramao 學習了三年。這兩位老師之中一位這時已經過世，另外一位曾反對她去信天主教。她不聽，並在聽道後半年在台東鎮馬蘭的天主教堂領洗。領洗之後，神父便取走了她的 lavat 並拆除了她原來供奉的神壇。

領洗後三年，CA 說她便開始生病。頭、胸部及左半邊的身體（掛 lavat 的一邊）疼痛。我在 1960 年調查呂家社時，CA 為報導人之一，當時她確是在生病，CA 說她曾去看醫生，但沒有效。有一年清明，她特地跑到她母親的墓前禱告，請她死去的母親告訴她為什麼會生病。當天晚上，她夢見她家裡又有了神壇。土面的香爐裡插著香而沒有燃著，一女子在神壇前蹲著。問她說：「你還有這個信仰嗎？」她說：「有的。」第二天她醒來，便恢復了她的神壇，自此身體好了一些。

過了不久，她的病又重起來。於是她請她那位還活著的老師給她作法。知道她的生病是因為她放棄了她的 lavat 的緣故。於是她的老師為她再行 pulavat（掛薩滿袋禮）。她把新的 lavat 掛在十字架的旁邊。當天晚上她夢見有一陌生男子與她要好，被丈夫撞見，兩個男人比起武來，打得不分勝負。第

二天醒來，她細想這夢，覺著她的丈夫乃代表 lavat 與 tamaramao，那陌生男子乃代表十字架與天主教。兩個男人的比武表示兩個宗教信仰的不相容。於是她把十字架取了下來，送給別的教友，並且從此便不再去教堂。據她說這是 1963 年的事。此後她的身體便一天比一天好起來而且再沒有生病。（喬 1972：17-18）

類似 CA 的例很多，而且並不一定限於原來有過 lavat 的薩滿，一般人只要是信了教後拆除或棄置了他們的祖家（karumahan）的都受到了神罰（muteha）。天主教的例子較多，但長老教也有不少。在我的論文中各種情況的例子都有列舉（喬 1971：17-19）。這裡不重複了。人們放棄教會後，便重新蓋自己的祖家，一時村中出現了很多祖家。一般都是向東用竹與茅草蓋在自己院裡的小亭子。不過蓋的時候必須請有經驗的薩滿來舉行一系列的繁複儀式才行。連帶的，薩滿的生意也好起來。另一方面，台灣的國民黨政府開始倡導所謂「中華文化復興運動」。既然漢人宣傳要恢復自己的固有文化，對原住民的傳統文化，便也放鬆了壓制。人們可以清楚地感覺到，一股復振（revitalistic）氣息在滋長。呂家社已於 1971 年冬恢復 magayao（大狩獵祭）的祭祀。卑南族的其他社也都有同樣的現象。有的發展得更快，譬如南王村的卑南社則在 1970 年冬已恢復了 magayao。

1973年秋我從原來任教的美國 Indiana 大學去了香港，應邀為香港中文大學創建香港地區第一個人類學系。原來計劃只在香港停留兩年，不料卻一直待到退休，共待了 22 年。這期間，雖然每年都去好幾次台灣，但只有在 1984 及 1987 年去呂家社做過短暫的訪問，1987 年停留的時間比較長些。兩次訪問的印象非常相似，可以歸納為一次。一方面是驚訝其物質上的繁榮與現代化：幾乎家家都擁有了彩色電視，不少家還擁有錄放影機，電話與摩托車非常普遍，很多人家有了自用汽車，據說都是家裡年輕人到西部特別是大台北地區打工，寄錢回來買的。社裡確實很少見年輕人了，這和 70 年代以前不一樣，那時外出的人不多，如果外出，最遠也是高雄地區而且是暫時的。年輕人大量地移往西部也許跟北迴鐵路的完成有關。另一方面祖家卻又消失了。我找過全社，只找到兩所，而且不再聽說有神罰的事了，同時 40 歲以下的人大都不知道自己或父母的祖家是什麼了。這和 1960 年的情形相比，實在有根本上的差別。那時，祖家消失了，但祖先卻沒有「離去」，還不斷地給背棄他們的人以神罰，而大多數成年人都知道自己或父母的祖家的名稱。到了 80 年代，祖家消失了，祖先也似乎真的「離去」了，而且是一去不回了。自然，祖家的「離去」與否都是存乎卑南人心中的事。我在 1970 及 1987 訪問時曾用了同樣的簡易問卷做了一些調查。結果製成兩個統計表刊在我數年前寫的一篇短文中（喬 1997：7）。對比 1970 及 1987 的統計，有幾點特別顯著的

差異值得在這裡介紹一下：第一，家中有人在外地工作的由 28%（1970，下同），增加到 79%（1987，下同）。第二，擁有和拜祭祖家的個人由 23% 減到 10%，而擁有和拜祭祖先牌位的則由 48% 增加 84%。第三，實行從夫居婚的由 39% 增加到 55%，而實行從妻居婚的則由 49% 減少到 32%。後面兩點顯然跟第一點有關。

卑南族的祖先牌位都購自漢人，上面也寫著「X 家歷代祖先牌位」等字樣，但卑南族卻把他們實際祭拜的寫在一張紙上夾在牌位裡面，我調查時，都要好言請求屋主允許我取出夾入的紙片記錄。我發現寫在紙片上的，也就是他們實際拜祭的主要是屋主及其配偶的父母，偶而也有祖父母的，但沒有更遠的，也有把過世的配偶、子女寫在上面的。所以在祖先牌位上所拜的祖先與在祖家中所祭的祖先有本質上的不同，後者是指一系列的屬於某一特定的尊崇（父、母、祖父、祖母、外祖父、外祖母……）一方的祖先，個別性不強，可以說是一個範疇，通過父系或母系的繼嗣法則與祭拜者連起來，這種祖先，卑南話有個特別名詞叫 kinitalian，talian 是繩子的意思，意思是那些祖先像是被繩子連起來的東西。在祖先牌位上供奉卻是可以清楚識別的個人，很多同祭奉者共同生活過，他們之間的關係是生前的共同生活經驗。這裡往往牽涉及一些個人恩怨的問題，譬如在呂家社也有像 Ahern（1973），陳祥水（1973）及李亦園

（1984）提到的，沒有財產留下來便不設牌位的情形。這種祖先卑南話叫做 maizaizangan，這樣的祖先與個人的關聯不再是父系的或母系的，而是像現代西方社會一樣雙邊的（bilateral）。這樣，祖先牌位取代了祖家，意味著新的雙邊繼嗣（bilateral descent）取代了傳統的兩可系繼嗣（ambilineal descent），這是一個根本的變化。這種根本的變化，必然導致一系列的社會與文化的變遷，上述第三點顯著的差異便是一個。所以我在上引短文的結論中便說：

> 所以卑南族的呂家社，也可以說整個卑南族的文化，像很多別的高山族文化一樣，從五十年代起，大家便嚷著說變了，變了，一切都變了，然而本質上的改變，卻是七十年代晚期以後的事了。（喬1977：6）

隨著時光的流逝，我們都會感到周遭事物的變遷；或物是人非，或物非人是，撫今追昔，都不免有滄桑之嘆。不過一般人僅止於感嘆而已，人類學家卻要去探究這些變遷的過程、形式與原因。不少人類學家一旦對一個部落或社區做了一次長時間而深入的田野調查後，便彷彿與之結了永世的情緣一樣；不僅與其中很多成員建立了近乎親屬的關係，更會在隔上一段時間後，舊地重遊，而且在有生之年不斷地回訪。Robert Redfied 之於 Chan Kom，Magaret Mead 之於 Samoa，Raymond Firth 之於 Tikopia……這類重複回訪的例子在人類學家中真是不勝枚

舉，而最為我們熟悉的例子便是費孝通先生之於江村了。人類學家對回訪社區時所見到的變遷，多曾予以記述與研究。研究這樣的變遷與研究一般的文化變遷不同。因為在這裡自然而然地加入了人類學家在特地的一段時期內對這社區變遷的記憶與感受，並將之與他自身在同一時間內的變化做一定程度的聯繫，研究的結果自會分外的貼切與深刻。我自己正計劃在我做呂家社研究滿四十年時，再去做一次回訪，然後把呂家社四十年間的變化做一番仔細的分析、綜合與比較研究。[2]

1995年夏，我自香港中文大學退休，應邀為位於台灣原住民核心地區——花蓮縣新成立的國立東華大學，創建「族群關係與文化研究所」，於是再度開始與台灣原住民接觸。事實上，在我去花蓮兩個多月前，我曾帶著十幾位香港中文大學人類學系的學生到東部及屏東對阿美、卑南、魯凱三族，走馬看花地訪問了兩週，算是田野調查的實習。然而即使是這匆匆的訪問，我已經感到了以前從未經驗過的氣氛。到了花蓮之後，雖然由於教學行政繁忙，一直還抽不出時間，正式再去原住民社區做調查研究。但從日常與周遭原住民的接觸，從媒體的報導，以及從學生自田野帶回來的訊息，我仍可以感到一個90年代的新局面，一種在我過往與台灣原住民的接觸從未遇到過的新情勢正在蔓延滋長。目前台灣的原住民，特別是中青年一代都有一種迫切的危機感，感到他們的語言在消失，文化在消失，進而

族群也在消失，特別是屬於人數少的族群的原住民總把平埔族的歷史作為殷鑑；其次，他們都有一種沉重的壓迫感，他們感到強勢的漢族百年以來不斷地透過政治與經濟機器侵奪他們的資源與土地，剝奪他們的權利與尊嚴，而且變本加厲，已使他們到了退無可退，忍無可忍的地步，最後，他們對所有外人包括人類學家在內，都開始猜疑，質疑後者與他們接觸的真實動機與立場。

相對大的一部分原住民，特別是中青年一代，站出來了，不再是像我過去所熟悉的那一群——躲閃、沉默、溫馴。他們怒吼、示威、抗爭。1994年4月在「文建會」舉辦的「原住民文化會議」上出現的那一幕足以說明這新一代原住民的心理與行為。當「文建會」副主委作完開幕演說後，一群受邀來自各族的原住民知青，依次走上講台，沉痛地開始宣讀「原住民文化出草宣言」：「我們的心情是無奈的，⋯⋯我們的心情是悲傷的，⋯⋯我們的心情是憤怒的，⋯⋯」（江1994：37）他們用聲音、文字與行動來否定「文建會」苦心籌劃出來四十年來第一次的這類會議，他們需要解決他們的訴求的更具體更有實效的方案。他們的訴求至少包括：

（1）對於其祖先原居住土地之所有權與使用權之主張。
（2）對於其族群的認定與命名以及歷史與文化的建構與詮

釋的主導權。

（3）原住民教育資源之增加，母語教育之實施以及具有原住民文化特色的課程之規劃。

（4）國家權利的分享與族群自決的權利。

台灣的「立法院」於去年先後通過「行政院原住民委員會組織條例」及「原住民教育法」，而「行政院原住民委員會」也於去年12月正式成立。可以說是對於上列第（3）、（4）兩項訴求的具體回應。由於各族對共同訴求的共識漸增並希望壯大抗爭的力量，九族逐漸有聯合的趨勢。在「立法院」審查原委會條例時，不少原住民立法委員堅持要用「原住民族」的名稱，這樣九族便聯合成了一族。雖然最後並未如此通過，但聯合的趨勢卻越來越強。

台灣原住民運動是當前正在全球各地如火如荼地進行的原住民運動的一部分（Gray1994），正是潮流所趨，但何以在近十年來在台灣突然蓬勃起來，部分學者歸因於島上省籍分化、台獨運動的蔓延。（孫1996：3-4）

面對抗爭所產生的緊張局勢與不斷受到被研究者質疑的尷尬處境，提出何種相應之道及如何自處是台灣人類學家目前最迫切的問題。我自己思慮這個問題甚久，所想得到的，可以歸納為：一個原則，一項手段和一種反省。

所謂一個原則便是多元文化的原則。台灣東部，特別是花蓮地區，本來就是一個最具多元族群與多元文化特色的地區。在台灣原住民中，以東部為主要分布者有四：阿美、卑南、雅美及噶瑪蘭族，為部分分布者也有四：泰雅、排灣、魯凱與布農族。如果這八個族群都保留著其傳統文化，互相爭奇鬥艷，該是多麼莊嚴美麗的一幅畫面哪！各族人民自傲地展現其特有的文化，其他族群，包括漢族在內的族群都能彼此學習、吸納與交流，又該是何等的人間美景，大同世界啊！不幸的是所有原住民族群，都像我所見證的呂家社的卑南族一樣正在迅速喪失他們的傳統文化，不只是程度上的喪失，而且是本質上的消失。剩下來的便只是赤裸裸的，充滿著怨恨與猜忌的政治抗爭。

　　政治抗爭必須配以文化重建才有意義，而文化重建必須是一種全民（全體族群成員）及持久的工作。只有文化重建工作達至一定的動員程度和取得一定成效，才能顯出政治抗爭的目的與意義來。否則如果只是一味抗爭，終將導致社會的不安，對整個社會的以及原住民的發展都是不利的。這是維持費孝通先生所稱「多元一體」的前提條件。

　　當一個文化的基本形式或要素（如卑南族的祖家制度）已經喪失之後，要想做有效的文化重建工作是一個高難度與複雜的工作。人類學家並不具備所需要的全部知識與技術，但他們

是目前專業科學家唯一可以勉強勝任的專家。他們要做好這項工作，在目前的情勢之下，必須虛心和耐心地取得原住民的信任與合作，根據各族群各社區的實際情況設計出一套可行的工作大綱來，然後和原住民一起去貫徹，在貫徹的過程中必須保持彈性，要能邊做邊改。

所謂「一項手段」便是「文化諮詢」。什麼是文化諮詢呢？我曾在東華大學族群關係與文化研究所的簡介中，做過這樣的介紹：

所謂「文化諮詢」，簡單地來說便是用文化比較的觀點配合心理諮商及社會工作所慣用的方法，對當事人（個人或群體）就上述種種問題提供合理的解釋與有效的解決方案。「文化諮詢」處理的問題主要包括下列三種：

1. 儀式方面的（Ritualistic）：舉凡與婚、喪、喜、慶、敬神、祭祖等儀式有關的問題均為此類，在族群關係日趨混雜，文化變遷日益加劇的情況下，一般人對這些儀式都有無所適從之感。在自由、多元與開放的原則下，本所將訓練學生具備適當知識與能力可從古今中外各種族群文化中選取有關實例互相結合，為當事人設計最妥善滿意的方案。

2. 倫理方面的（Ethical）：舉凡個人感情、事業、婚姻、家庭等問題，個人與個人間，群體與群體間的各種衝突都屬此類。此類問題大都因個人（或各群）間觀念與價值的不同而引起，而後者又因個人（或各族）的族群文化背

景不同而形成。本所將訓練學生具備足夠技巧及知識能將當事人（或族群）的特殊觀點與價值，置於文化比較以及相對的事例與理論下加以分析進而予以化解。

3. 認知方面的（Cognitive）：舉凡因風水、命相、禁忌、避諱等信仰與觀念而引起的焦慮與衝突都屬此類。本所的訓練首在使學生對這些信仰與觀念的本質有清楚的認識，進而訓練他們如何運用文化比較的方法化解有關的焦慮與衝突。

「文化諮詢」是由於多元族群，多元文化局面的形成所提出的一種協助個人與族群作較好的適應的辦法，這是從消極一方來說；從積極一方來說它也是文化重建的一種手段。上列三方面，都是任一文化的主要範疇。如果能夠在這些範疇中，把固有的文化重建，而且將之融入於日常生活中，文化重建的目的自然也就同時達到了。

所謂「一種反思」是當我再回到台灣的學術界，再度與台灣原住民接觸，同時面對後者新的質疑——人類學家究竟研究原住民的動機與立場是什麼？所產生的一連串的深思。這首先使我想起三十年前，當我初入 Navajo 保留區時所遭到質疑：「你的研究對你有好處，對我們卻沒有好處。」現在台灣原住民也在做類似的質疑了，我才覺悟到問題的癥結在人類學家自身而不在質疑我們的族群。我回想起當我研究 Navajo 時流傳於美國

人類學界的笑話:「一個 Navajo 的家庭包括母親、父親、子女和人類學家。」可見當時研究 Navajo 的人類學家確實是太多了。在1965年時,已有七千多種已發表的論文和書籍。但 Navajo 人的生活呢?卻一直沒有任何改善,於是他們就像別的印第安人一樣對人類學家不耐煩了。現在台灣原住民對人類學家也有了同樣的反感,這實在是我們該深深做一些反思的時候:我們的研究究竟對被研究者能有什麼好處?我們真能為他們做些什麼?我們的立場是純粹只顧到自己?顧到政府?還是也顧到被研究者?如果三者有衝突時,我們的立場又是怎樣?立場的問題在我早期研究原住民的時候,沒有人問我,我自己也不覺著是一個相干的問題。現在原住民在問我,我的學生在問我,我自己也真誠地認識到當人類學家研究原住民的時候,這確是一個首先要認真反思與坦誠面對的問題。

註:1 本文原為在北京大學社會人類學研究所與雲南大學聯合舉辦的第二屆社會文化人類學高級研討班(1997年1月份在北京及昆明舉行)上的講稿。後經修改為論文在「東亞社會轉型與少數民族文化」國際研討會(1997年2月13日-16日在日本大阪市國立民族學博物館召開)上宣讀。最後定稿則刊於馬戎、周星主編:《田野工作與文化自覺》(北京:群言出版社,1998),上冊,頁400-415。

2 此段係轉載於本書時增寫。

引用書目

江冠明
　1994　「出草宣言」是原漢對話的起點——評 1994 原住民文化會議。《山海》6：37-44。

李亦園
　1984　近代中國家庭的變遷——一個人類學的探討。《中央研究院民族學研究所集刊》52：7-23。

陳祥水
　1973　公媽牌的祭祀——承繼財富與祖先地位之確定。《中央研究院民族學研究所集刊》36：141-164。

孫大川
　1996　夾縫中的族群建構：給原住民意識與台灣族群問題的互動。「族群教育與族群關係」學術研討會主題演說（1996 年 4 月 14 日在台北市，師大舉行）。

費孝通
　1989　《中華民族的多元一體格局》。北京：中央民族學院出版社。

喬健

1960 台灣土著諸族屈肢葬調查報告。《國立台灣大學考古人類學刊》15-16：95-125。

1961 卑南族呂家社的社會組織。《國立台灣大學考古人類學研究所碩士論文》。未刊。

1972 卑南族呂家社祖家制度的研究。《中央研究院民族學研究所集刊》34：1-21。

1990 《飄泊中的永恆：人類學田野調查筆記》。台北：巨流圖書公司。

1997 文化變遷的基本形式：以卑南族呂家社為例。見《慶祝鍾敬文先生九十五歲生日論文集》，刊印中。

Ahern, Emily M.

1973 *The Cult of the Dead in a Chinese Village*. Stanford Stanford University Press.

Chiao, Chien

1971 *Continuation of Tradition in Navajo Society.* Institute of Ethnology, Academia Sinica Monograph Series B. No. 3.

Gray, Andrew

1995 *The Indigenous Movement in Asia. In Indigenous Peoples of Asia.* R. H. Barnes, Andrew Gray and Benedict Kingsbury (eds.). Ann Arbor, Mich Association for Asian Studies, Inc.